KB081477

철학하는 인간의 힘

철학하는 인간의 힘

위대한 철학자 5인에게 길을 묻다

이요철 · 황현숙 지음

천년의상상

● 지은이의 말

덴마크 출신의 세계적인 미래학자 롤프 옌센은 『드림 소사이어티』라는 책에서 세 번의 시대적 지각변동을 언급한다. 첫 번째는 '산업사회', 두 번째는 '정보사회', 마지막 세 번째는 '꿈 사회Dream Society'다. 우리는 4차 산업혁명의 도래와 더불어 이미 그 꿈 사회, 곧 드림 소사이어티의 한가운데에 진입했다.

매일 아침 눈을 뜨면 이전에 경험한 적이 없는 상황과 미처 대비하지 못한 미래를 마주하게 된다. 불안, 권태, 우울, 절망 등이 마음속을 파고든다. 이런 극도의 긴장과 위기가 지속되는 상태를 철학에서는 아포리아Aporiā라 일컫는다. 아포리아는 막다른 길 또는 해결할 수 없는 난제, 다시 말해 문제는 있으나 답이 없는 시대를 가리키는 그리스어다.

요즘 세간에 떠도는 헬조선, 이생망(이번 생은 망했다) 등의 표현은 아포리아적 대한민국의 현실을 적나라하게 보여준다. 한창 꿈에 부풀어 있어야 할 젊은이들이 금수저 흙수저로 대변되는 태생적 한계에 부딪쳐 무력하게 주저앉아 있다. 설상가상으로 향후에는 로봇이 점점 사람의 일자리를 대체하리라는 전망과 함께 우리 모두가 인간의 가치와 생존권을 상실할지 모른다는 우려가 나오고 있다.

그런데 오늘 이 시대만 이렇게 문제가 많은 걸까? '아포리아'가 그리스어라는 사실은 수천 년 전 고대 그리스에도 갖가지 문제가 산적해 있었음을 증언한다. 그 옛날 동서양의 다양한 국가와 도시, 개인의 삶에도 미래에 대한 공포와 위기의식이 팽배했던 것이다.

약 2,600년 전의 철학자인 공자와 소크라테스의 가르침이 여전히 설득력을 지니는 것은 모든 인간이 나는 누구이며 어떻게 살아야 하는가를 질문하면서 그에 대한 해답을 찾고 있기 때문이다. 문제는 있으나 답이 없는 이 아포리아의 시대에 재미있고 읽기 쉬운 책들을 제치고 철학책을 집어 들어야 하는 이유가 바로 거기에 있다. 고전은 인생을 풍요롭고 탁월하게 살기 위한 인류의 지혜를 응축하고 있다.

공자와 소크라테스가 살았던 춘추시대의 중국과 그리스 아테네에는 뚜렷한 공통점이 있다. 두 나라 모두 전쟁과 혼란, 경제적 궁핍 등 내우외환을 겪었다는 것이다. 그러니 개개인의 삶, 특히 공자와 소크라테스의 삶도 암울하기는 마찬가지였다. 그런데도 이 두 철학자는 절망에 찌든 세상에 한 줄기 희망의 소나기가 되어주었다.

공자와 소크라테스는 특정 계층을 겨냥하여 그들이 일시적이나마 현실의 고통을 잊도록 값싼 위로의 메시지를 던진 것이 아니다. 그들은 각 계층과 세대, 폭력을 휘두르는 강자와 원망과 분노에 사로잡힌 약자를 전부 아우를 뿐 아니라, 원수나 낯선 이방인(외국인)까지도 너른 가슴으로 끌어안고 함께 살아가는, '진정으로 인간다운' 삶의 방식을 제안했다. 그리고 삶에서 우러난 그들의 진실한 외침은 수 세기에 걸쳐 많은 사람의 가치관을 근본부터 변화시켰다.

최근 우리나라에서도 '인간은 무엇으로 사는가' 하는 문제를 고민하는 인문학이 지대한 관심을 끌고 있다. 인문학 관련 책들이 쏟아져 나오고 여기저기서 강좌가 개설되는 등 사뭇 진지한 열의도 엿보인다. 그런데 아쉽게도 인문학의 본질적 의미는 오히려 놓치고 있는 느낌이다. 인문학이 성공의 또 다른 디딤돌인 양 포장되고 있기 때문이다.

그렇다면 우리에게 인문학은, 보다 넓은 의미에서 철학은 왜 중요한가?

보통 '철학' 하면 일반인과는 동떨어진 어려운 학문 분야라고만 생각한다. 그러나 철학은 삶의 면면에 깃들어 있는 우리 삶의 일부다. 가정에도 철학이 있고, 기업과 공동체에도 철학이 있다. 종교와 사회, 국가도 나름의 철학을 바탕으로 성립된다. 개인의 인생관과 삶을 대하는 자세 또한 철학에서 비롯된다.

'철학'으로 번역되는 그리스어 '필로소피아philosophia'는 사랑과 열정을 뜻하는 '필로스philos'와 지혜를 뜻하는 '소피아sophia'가 결합된 단어다. 고대 그리스의 지혜자들은 자신을 '철학 전공자'가 아닌 '철학자'라고 즐겨 소개했다. 철학자는 인간이라는 존재에 관해 열정을 품고 질문하는 사람, 사람답게 살기 위해 참된 지혜를 구하는 사람이다. 아직 그 답을 모를지라도 어떻게 하면 다른 이와 더불어 행복한 삶을 살 수 있을까를 고민하는 자다. 그래서 지혜를 사랑하고 지혜를 추구하는 사람은 누구나 철학자다.

우리 필자들은 모름지기 독서란 단순히 지식을 쌓기 위한 것이 아니라, 삶의 현장에서 경험하는 각종 난제와 복잡한 인간관계, 변화무쌍한 시대의 조류가 수반하는 질문에 답해야 한다고 믿는다. 그래서 필자들은 21세기 대한민국에 살고 있는 우리에게 효과적이고 근원적 처방을 제시할 수 있는 현자로서 소크라테스, 아리스토텔레스, 루소, 노자, 공자를 이 책에서 소개하고자 했다. 어떤 불가항력이 운명에 굴복하기를 강요하듯 삶이 고통스러울 때도 자신의 문제를 직시하고 인생을 깊이 숙고하는 것, 이것이 본서가 의도한 '철학하는 인간의 힘'이다.

아리스토텔레스는 인간을 정치적 동물로 정의했다. 인간은 철학의 토대가 되는 이성과 도덕성을 통해 선과 악, 정의와 불의를 분별한다는 측면에서 다른 동물과 구별된다는 것이다. 바꿔 말해 인간은 생(生)의 불가피한 결핍과 위기, 갈등 속에서도 공평과 정의를 추구하며, 스스로의 삶에 매순간 새로운 의미를 부여한다.

그뿐 아니라 자아의 경계를 뛰어넘어 타인의 삶을 풍요롭게 하는 데서 보람을 느낀다. 이것이 초월과 승화의 가치를 구현하는 아리스토텔레스적 인간이다. 그는 부조리와 불의, 슬픔과 고난에 맞부딪쳐도 인간만이 지니는 위대함과 존엄성을 결코 포기하지 않는다.

한편 공자와 소크라테스가 성인으로 불린 것은 인간이 다다를 수 있는 최고의 경지에 올랐기 때문이 아니다. 그들은 여느 사람과 다름없이 약점과 모순을 지닌 불완전한 인간이었다. 그렇다면 왜 사람들은 공자와 소크라테스를 성인의 반열에 올리고 흠모하며 따르는가?

공자는 14년간 여러 나라를 떠돌며 온갖 음모와 배신을 당하고, 때로는 굶주림과 질병, 생명의 위협에 시달렸다. 그리고 자신의 정치적 비전을 펼치지 못한 채 노년의 나이에 고국인 노나라로 돌아온 후 "아무도 나를 알아주지 않는구나!"라고 탄식하며 절망감을 토로했다. 그래서일까? 『논어』는 "소명을 모르면 군자가 될 수 없다"라는 공자의 말로 끝을 맺고 있다. 개인사에서도 공자는 아내와 아들, 사랑하는 제자 안회와 자로가 차례로 세상을 떠나는 비운에 통곡했던 평범한 한 인간이었다.

소크라테스 역시 흠결 없는 인생을 살았다고 하기는 어렵다. 이 희대의 철학자도 두 아내에게는 가족의 생계를 책임지지 못하는 무능한 가장에 불과했다. 사형선고를 받은 후에도 매일 저녁 술에 취해 들어

오는 남편을 생각해보라. 게다가 이따금 그의 말이나 행동을 보면 사회 부적응자처럼 보이기도 한다.

그런데도 우리는 왜 공자와 소크라테스를 성인이라 칭하는가? 이들도 우리처럼 후회와 절망, 실수와 실패 그리고 고통과 불안을 피할 수 없었다. 하지만 다른 점이 있다. 시대의 혼돈을 거슬러 영원한 진리를 설파하고 실천하는 인간 본연의 존재가치를 한술의 밥과 맞바꾸지 않았다는 것이다.

공자와 소크라테스는 운명이 휘두르는 횡포 앞에 속절없이 무너지거나 자신의 처지를 비관하지 않았다. 다른 사람이나 환경을 탓하며 인생을 낭비하지도 않았다. 이들은 잇단 생의 비극을 초월하여 모든 사건을 새로운 가능성으로 승화시키기에 이른다. 그 가능성이란 더 나은 세상을 향한 열정과 갈망이었다. 그것이야말로 진정한 행복이며, 삶을 다시 시작하게 만드는 희망의 씨앗이었다.

이 책에 실린 철학자들의 목소리가 다음 세대인 중·고등학생과 막 사회에 진출한 젊은이, 그리고 제2의 인생을 설계하며 하프타임을 지나고 있는 중장년층에게 올바른 삶의 방향과 의미를 제시하고, 인생을 더욱 풍요롭게 하는 길잡이가 되어주길 바란다.

2017년 9월 이요철·황현숙

● 차례

아리스토텔레스

상실의 광야를 지나 빼앗길 수 없는 행복을 찾아라

장 자크 루소

흙수저와 금수저로 나뉘는 인간불평등 문제에 답하다

노자

『도덕경』으로 따라가보는 노자의 삶, 그리고 잘 사는 법

공자

더 좋은 세상은 아직 오지 않았다

소크라테스

어떤 의미에서 우리는 모두 그리스인이다

- 기원전 469년 소크라테스 출생
- 기원전 499년~기원전 479년 그리스–페르시아 전쟁, 전쟁 초기에 승승장구하던 페르시아군은 기원전 480년 살라미스 해전, 기원전 479년 플라타이아이 지상전에서 패하여 철수.
- 기원전 495년~기원전 429년 아테네 황금기 페리클레스 시대, 그리스의 3대 비극 시인 활동. 아이스킬로스의 『페르시아인』과 『아가멤논』, 에우리피데스의 『안드로마케』, 소포클레스의 『오이디푸스 왕』, 『안티고네』.
- 기원전 431년~기원전 404년 그리스 본토에서 벌어진 펠로폰네소스 전쟁.
- 기원전 431년 소크라테스, 3년간 포티다이아 전투 참전.
- 기원전 429년 아테네 민주주의의 전성기를 이끈 개혁적 정치가 페리클레스 사망.
- 기원전 411년/기원전 404년 귀족주의자들이 가난한 자뿐 아니라 중간계급까지 무장해제를 시키고 선거권을 빼앗은 뒤 독재 정권을 세움. 첫 번째는 400인 독재, 두 번째는 30인 독재.
- 기원전 410년/기원전 409년 아테네가 스파르타에 승리하고, 민주정 회복.
- 기원전 407년 소크라테스와 플라톤(당시 20세)의 만남.
- 기원전 399년 소크라테스, 불경죄로 사형을 당함.

인간은 어떻게 덕을 배우고,
올바른 삶을 살 수 있는가?

앎(지식)이란 무엇인가?
단순히 지적 대화를 위한 정보와 지식을 뜻하는가?

지성인은 인간이 스스로 착한 본성을 자각하도록 도와주는 자,
인간에 대한 존경과 두려움을 품고
올바른 역사의 방향을 가려내는 자다

페르시아의 무자비한 살육에 뒤이어 벌어진 동족 간의 비극
그리스 도시국가 간에 전쟁이 일어났다

위기가 초래한 극도의 긴장과 난관 속에서,

아테네인 소크라테스는
무슨 생각을 했을까

고대 아테네의 황금기이자 격변기
삶과 죽음의 갈림길에서 그는 인간의 근본 문제를 성찰한다
소크라테스는 당대의 그리스인에게,
또 오늘을 사는 우리에게
묻는다

위기의 시대, 인간과 사회는 어떠해야 하는가?

소크라테스는 역설한다

그리스인이 가장 소중한 덕목으로 간주했던 탁월함,
즉 아레테arete란 무엇인가?

"캐묻지 않는 삶은 살 가치가 없다"

소크라테스 시대의
그리스는 어떤 모습이었나?

그리스인들은 기원전 1200년경부터 본격적으로 도시국가를 형성했다. 그들은 헬라어를 사용했고, 아테네와 스파르타를 중심으로 그리스 동맹을 맺었다. 인구 20만 명의 도시국가 아테네는 강력한 해군을 바탕으로 150년 넘게 지중해의 제해권을 장악한다. 소크라테스가 "나를 아테네인으로 부르지 말라. 나는 세계시민이다"라고 한 말이 과언이 아닐 만큼 당시 아테네는 상업과 무역이 발달한 도시였다. 이 아테네의 황금기를 이끈 지도자가 바로 페리클레스다.

"나를 아테네인으로 부르지 말라. 나는 세계시민이다."

페르시아 전쟁에서 승리한 아테네는 에게해 주변과 이오니아 지역 폴리스와 델로스 동맹을 맺는다. 그리스-페르시아 전쟁이 끝난 뒤 그리스는 아테네를 주축으로 한 '델로스 동맹'과 스파르타를 주축으로 한 '펠로포네소스 동맹'으로 크게 양분됐다. 시간이 지나면서 경제적 측면에서 우세한 델로스 동맹은 펠로포네소스 동맹을 압도하기 시작했고, 다수의 도시국가들이 아테네의 세력권으로 편입되었다. 한편 승전의 부산물로 도시국가들이 바친 어마어마한 조공과 분담금이 모이면서 아테네에 엄청난 부가 축적되었고, 사람들은 경제적 여유와 문화적 자만에 빠져들었다.

아테네의 꽃인 민주주의 정신도 차츰 타락 일로를 걸었다. 페리클레스는 목적이 수단을 정당화한다고 믿었고, 그의 후계자나 다름없는 알키비아데스는 한 걸음 더 나아가 권력자는 무슨 일이든 마음대로 할 수 있다고 여겼다.

이런 사상적 타락을 단적으로 보여주는 사건이 멜로스 학살이다. 아테네 의회가 아테네와 스파르타 사이에서 정치적 중립성을 지키려던 멜로스 섬의 남자들을 모두 죽이고 여자와 아이들을 노예로 삼기로 결정한 것이다. 힘의 논리에 물들어 있던 당시 소피스트들은 말했다. "선악에 관한 낡은 규칙들은 과거의 겁 많은 사람들이 만들어낸 것이다. 강한 자는 그런 것들에 얽매일 수 없다." [코라 메이슨(2011), 최명관 역, 『소크라테스』, 도서출판 창, 178쪽]

멸망의 그림자가 서서히 아테네에 드리워졌다.

세상 물정 모르는 소크라테스,
'잘 사는 법'을 말하다

기원전 469년, 소크라테스는 석공 소프로니코스와 산파 파이나레테 사이에서 태어났다. 그는 아테네 남동쪽 변두리, 사람들이 목욕탕에서 쓰고 버린 물로 목을 축이고, 매춘부가 여기저기서 눈에 띄던 가난한 동네에서 태어났다. 그가 태어나기 10년 전에 그리스-페르시아 전쟁이 끝났지만 파르테논 신전은 여전히 불에 탄 폐허로 남아 있었다.

소크라테스는 페리클레스의 황금기를 수놓은 문화적 혜택을 누리며 청년기를 보냈다. 그는 소포클레스의 『오이디푸스 왕』과 『안티고네』 같은 비극 작품을 읽고, 엄청난 위용을 자랑하는 화려한 그리스 건축물들 사이를 걸었다.

세월이 흐른 어느 날 소크라테스는 사람들로 붐비는 아고라(시장, 민회가 열리던 곳)에 남루한 옷차림에 신발도 신지 않은 채 나타났다. 외적 아름다움을 찬양하고 황금에 눈이 멀어 있던 아테네인들 앞에서 현실 감각이라고는 전혀 없어 보이는 그가 설파한 것은 아이러니

하게도 '잘 사는 법'이었다. 동시대의 희극 시인 에우폴리스는 「단편 352E」라는 작품에서 소크라테스를 이렇게 묘사한다.

"나는 저 찢어지게 가난한 수다쟁이 소크라테스를 혐오한다네. 그는 세상의 모든 것에 대해 사색하지만, 다음 끼니를 어디서 구해야 하는지는 모르지."

제 앞가림도 못하는 위인인 그가 대체 무엇을 믿고 잘 사는 방법을 가르치려 했을까? 그는 소피스트로부터 교육받으며 정치적 야망을 실현하려던 귀족 청년들과 치열하게 토론을 벌이곤 했는데, 기원전 399년에는 결국 아테네 민주정에 의해 고발당한다. 고소장의 내용은 첫째, 국가가 인정하는 신을 믿지 않고 새로운 신을 끌어들였다는 것이고, 둘째는 청년들을 타락시켰다는 것이다.

아테네 법정에서 사형선고를 받은 친구 소크라테스에게, 크리톤이 찾아가 간수를 매수하여 감옥에서 탈출할 것을 권유한다. 하지만 소크라테스는 그 권유를 단호하게 거절하고 형장의 이슬로 사라졌다.

소크라테스가 죽자 그의 제자들이 목소리를 내기 시작했다. 소크라테스를 주인공으로 하는 작품을 다수 집필했던 플라톤, 메가라학파를 창시한 에우클레이데스, 엘리스-에레트리스 학파를 세운 파이돈, 키니코스 학파를 설립한 안티스테네스와 시노페의 디오게네스,

에피쿠로스 학파에 영향을 준 키레네 학파를 만든 아리스티포스가 그들이다. 『서양철학사』를 저술한 힐쉬베르거는 말한다. "소크라테스의 사상이 그의 주위에 모인 사람들에게 이렇게 다르게 반영됐다는 사실은 기묘하기 이를 데 없다. 그는 그렇게 비밀스러웠단 말인가? 그렇게 풍부했다는 말인가? 또는 그만큼 미완성품이었나? 여러 사상 중 어느 것이 스승의 본질과 의도에 꼭 맞을까?"

제2차 세계대전 당시 세계가 히틀러와 나치의 손아귀에서 신음하고 있을 때, 진리를 위해 자신의 신념을 굽히지 않은 사람이 있었다. 독일 철학자 칼 야스퍼스다. 소크라테스 철학을 신봉한 그는 당시 지성인으로서 양심을 지켰으며, 이렇게 단언했다.

> "오늘날 소크라테스 없이는 철학할 수 없다. 비록 그가 먼 과거의 희미한 불빛으로만 느껴질지라도! 한 사람이 소크라테스를 어떻게 경험하느냐 하는 것은 그의 사유의 근본 틀을 좌우한다." [이한규 저(2014), 『단숨에 정리되는 그리스 철학 이야기』, 좋은날들, 132쪽]

세상은 온통 힘과 권력을 지키기 위한 욕망과 음모에 사로잡혀 있다. 시대의 흐름을 훤히 아는 기민한 자만이 성공하는 현실 속에서 정의와 지혜의 대변자 소크라테스는 우리에게 묻는다.

진정한 용기를 가지고 살겠는가?
주위 사람들이 바보 같다며 비난하고 외면할지라도
의로운 심장을 가지고 삶에 답하겠는가?

문제는 있으나 답이 없는 '아포리아'의 시대를 사는 우리는 각자가 처한 자리에서 이 시대의 작은 소크라테스가 되어야 한다.

무지한 자, 소크라테스가 말하는
참된 앎의 시작

소크라테스가 했다고 알려진 그 유명한 말, "너 자신을 알라!"는 사실 그리스인들이 국가적 성지로 삼았던 델포이 신전에 쓰여 있던 경구다. 사람들은 이를 "네 분수를 알라", "자만하거나 과욕을 부리지 말라"하는 뜻으로 이해했다.

하지만 소크라테스는 달랐다. 그는 "다른 사람들이 말하는 자신에 안주하지 마라", "타인과의 관계를 통해 자신을 성찰하라"로 풀이했다. 달리 말하면 "너 자신을 알라"는 "네게 어떤 일이 일어나는지가 아니라, 그 일에 어떻게 반응하느냐가 중요하다", "네 영혼의 주인이 되어라", "역경은 그 사람이 어떤 사람인지 보여준다"가 된다.

"네 영혼의 주인이 되어라."

소크라테스는 제자나 시민들과 문답법으로 이야기를 나누며 그들이 자신의 진정한 모습을 깨닫도록 이끌었다.

소크라테스와 그의 친구 카이레폰이 등장하는 유명한 일화가 있다. 어느 날 카이레폰은 델포이 신전으로 가 아폴론의 신탁을 청한다. 그가 "아테네에서 소크라테스보다 지혜로운 자가 있나" 하고 묻자 예언자 퓌티아는 "소크라테스야말로 최고의 지혜자"라고 답했다.

소크라테스는 이 신탁의 의미를 알고자 이름난 정치가, 시인 그리고 장인 들을 찾아간다. 이들과 나눈 대화 속에서 소크라테스는 그들이 '이중의 무지'를 겪고 있다는 사실을 깨닫는다. 소크라테스가 보기에 그들은 자신이 모르는 것을 안다고 믿었다. 여기서 말하는 '무지'는 "덕에 대한 지식이 있다는 착각"이다. 반면 소크라테스는 자신이 무지하다는 사실을 분명히 알기에 그 도시에서 제일 지혜롭다는 신의 전언을 들을 수 있었던 것이다.

덕의 측면에서 아테네인들은 또 다른 왜곡된 인식을 갖고 있었다. 사람들은 다양한 신들 가운데서도 간교한 설득의 역신 '페이토'의 신탁을 선호했다. 그런데 소포클레스의 『오이디푸스왕·안티고네』는 "흉계를 꾸미는 아테의 딸 가증스러운 페이토"라고 서술하고 있다. 아테는 광기와 광기에 따른 행동, 거기서 빚어지는 불행을 상징하는 여신이고, 그 딸 페이토는 "폭력을 사용하는 그녀에겐 당할 도리가 없으니 아무리 치료해도 허사로다. 죄는 감추어지지 않고 무섭게 빛

나는 불빛인 양 뚜렷이 보임이라"라고 묘사된다. 그럼에도 사람들은 페이토의 신전을 자주 찾았다.

왜 부정적 이미지를 가진 신에게 아테네인은 열광했을까? 당시 사람들은 그녀가 능수능란한 화술과 설득력을 관장하는 여신이라고 믿었다. 안락하고 풍요로운 삶과 정치계 입문이 최대의 꿈이었던 아테네인에게 선과 악, 진실과 거짓 따위는 중요하지 않았다. 아네테인은 성공을 위해 화려한 언변으로 진실을 조작하고 거짓과 타협하는 데 능숙했다.

소크라테스는 이러한 아테네인의 '덕에 대한 고의적 무지'를 다음과 같은 말로 통렬히 지적했다.

> "나를 파멸시키는 것은 나를 고발한 멜레투스도, 아니투스도 아닙니다. 그것은 남을 헐뜯는 말과 타인에 관해 품은 나쁜 감정[어떤 번역본에는 '편견과 악의']입니다. 부정적인 말과 감정은 과거에도 선량한 이들을 수없이 파멸시켰습니다. 앞으로도 그러리라고 나는 생각합니다. 그 해악이 나와 더불어 그치게 된다면 조금도 해로울 것이 없겠지요." [코라 메이슨(2011), 최명관 역, 『소크라테스』, 도서출판 창, 213쪽]

인간이 가장 소중한 가치인 덕과 자기 영혼에 대한 무지를 깨닫는 일이야말로 참된 앎의 시작이라고 소크라테스는 확신했다.

시대를 초월하는 지성을 가르치다

기원전 5세기 무렵, 아테네는 '말 잘하는 사람들의 도시'로 정평이 나 있었다.

아테네 법정은 물시계 장치 '클렙시드라klepsydra'를 설치하고 변론인이 6분간만 발언하도록 제한했다. 그러자 짧은 시간 내에 기승전결을 갖춰 논리적으로 말하는 소피스트의 변증술이 인기를 끌었다. 특히 선동적인 연설이나 상대를 무력화시키는 화법 등이 아테네 정치 지망생들의 주된 관심사였다.

시간이 흐를수록 소피스트들의 논변은 사고와 행동에서 보편적 기준을 인정하지 않는 상대주의와 주관주의로 흘렀다. 그들은 자신이 말하는 바가 진리인지 그 여부에 개의치 않았다. 다만 교묘한 말솜씨로 적을 굴복시키는 잔재주만을 개발했다.

또한 아테네인들은 세상 물정을 잘 알고 싶어했다. 시대의 흐름을 통찰하는 지혜로 부와 명예와 권력을 손에 쥐려는 것이었다.

남보다 더 많이 가지려는 이기적인 사람에게 타자와의 갈등과 대립은 필연이다. 옳고 그름의 기준은 승리한 쪽이 일방적으로 정하므로 힘은 곧 정의로 탈바꿈한다. 아테네인들은 안위와 이익을 좇아 파당을 만들었고 경쟁적으로 권력을 추구했다.

이미 타락의 길로 접어든 아테네에서 힘 있는 사람들은 어떠한 잘못을 저질러도 처벌받지 않았다. 강한 자와 세상 물정을 터득한 자만 살아남는다는 소피스트들의 주장이 아테네를 지배했다. 시민들은 법과 정의가 과연 존재하는지 회의를 품었고, 어떻게 살아야 옳은지 몰라 가치관의 일대 혼란이 일어났다.

이렇듯 소크라테스 당대의 아테네인과 우리가 처한 현실은 별반 다르지 않다. 그때와 마찬가지로 지금도 온갖 편견과 불의와 방종이 난무한다. 힘 있는 자의 편에 서서 눈치 빠르게 대응하는 사람이 성공에 유리하다. 권력과 상황의 논리에 좌우되지 않는 영원한 진리는 과연 어디서 발견할 수 있을까?

"영원한 진리는 어디서 발견할 수 있을까?"

소크라테스는 다이몬의 음성에 늘 귀를 기울였다. 그의 정신적 기둥이나 다름없는 다이몬은 선택의 순간마다 "그릇되이 행하지 말라"

라고 속삭이던 반신반인의 영적 존재였다. 다이몬은 끊임없이 양심에 호소하는 목소리로, 소크라테스가 불의와 부조리로부터 스스로를 지키도록 돕는다. 타인을 함부로 판단하고 비난하는 대신 상대방을 거울삼아 자기 자신을 들여다보도록 인도하는 선량한 수호천사라 하겠다.

소크라테스가 천상의 존재 다이몬을 영원한 지성을 향해 나아가는 여정의 나침반으로 삼았다면, 현대를 사는 우리에게는 이성과 양심의 청명한 울림이 있다. 옳고 그름이 바다의 조류처럼 쉬이 변하고 시대의 부당한 폭력이 가냘픈 희망마저 옥죈다 해도 결코 불의와 타협할 수 없다. 그것이 인간다운 인간으로 살아가는 유일한 길이기에……. 설사 불이익을 당하더라도 이성에서 우러나오는 진리를 행하는 인간의 위대함은 일상을 살아가는 우리 모두의 것이 될 수 있다. 당신은 오늘 어떤 목소리를 따를 것인가?

"이성과 양심에 따라 움직여라."

'탁월함'이란 무엇인가

그리스인들에게 정의dikaiosyne란 '각자에게 합당한 몫을 주는 것'이었다. 정의는 다른 모든 것을 관통dia하면서 지배dikaion한다. 이와 관련하여 중요한 또 하나의 덕목은 아레테arete다. 아레테는 제 몫에 만족하고 맡은 역할과 기능을 잘 수행하는 것을 뜻하는 말로, '훌륭함', '탁월함', '덕'을 통칭한다.

탁월한 삶을 꿈꾸는 이여,
변방에 머무는 자의 눈에서 눈물을 흘리게 하면
반드시 자멸한다.

소크라테스는 기원전 431년부터 포티다이아 전투(제2차 펠로폰네소스 전쟁이라고도 한다)에 참전했다. 본래 그리스에서는 국가 간에 전쟁을 벌이다가도 추수를 하는 가을부터 다음해 봄까지는 휴전을 하는 것이 관례였다. 그러나 잔인하게도 아테네 군대는 포티다이아인들을 포위한 채 3년 동안 공격을 계속했다.

참전한 소크라테스는 1000여 명의 동료 군사가 오랜 전투와 전염병으로 인해 죽음으로 내몰리는 참혹한 실상을 목격했다. 그들의 시신은 길에 방치되어 굶주린 짐승들의 먹이가 되었고, 성안에 갇혀 식량이 떨어진 포티다이아인들이 인육을 먹는 사태까지 벌어졌다.

그리스인이 추구하는 아레테, 즉 탁월함은 신체의 아름다움과 강인함, 어떤 상황에서도 기죽지 않고 적을 무찌르는 용맹을 가리킨다. 그런데 이 그리스적 탁월함이 한순간 세상을 끔찍한 곳으로 만들었다. 진정한 용기란 대체 무엇일까?

전장에서 소크라테스는 용기란 지혜를 얻고 약자를 보호하는 정의를 실현하기 위해 발휘해야 하는 덕목임을 자각한다. 그리고 고향으로 돌아와 시민들과 아레테에 대해 열띤 대화를 나눈다. 타인의 행복과 지혜를 추구하는 인생이야말로 탁월하다.

"스스로 캐묻고 반성하지 않는 삶은 무가치하다."

플라톤은 『프로타고라스』에서 소크라테스의 입을 빌려 "인간은 본성상 자신에게 최선의 이익이 된다고 판단한 것에 따라 행동한다"라고 전제한다. “최선의 이익에 반하거나 그보다 못한 것을 행위로 옮기는 원인”은 바로 ‘무지(지적 오류)’이다. 그런 측면에서 인간의 참된 앎은 그에게 최선이 될 도덕적 행위를 끌어내는 확고한 동기로 작용한다. 어떤 사람이 진정으로 좋고 아름다운 것을 알게 되면 그 지식과 상충하는 행동은 하지 않을 것이다.

그러나 ‘가치 없는 것’을 ‘좋은 것’으로 잘못 인식하여 무엇이 최선인지 분별하지 못하는 까닭에 스스로의 이익에 반하는 결정을 내리는 것이다. 참된 지식을 소유하면 구체적 정황 속에서 어떤 행동이 더 좋은지 바르게 판단할 수 있다. 과연 ‘참된 지식’이란 무엇일까?

그리스어 ‘무지agnoia’는 표적을 맞추려는 모든 시도가 빗나갔다는 의미를 함축하고 있다. ‘무지’는 ‘올바른 판단을 할 수 없음’ 또는 ‘분별에서 비껴남’을 의미한다. 올바른 판단을 할 수 없기 때문에 ‘불의adikia’에 빠지는 것이다. 흥미롭게도 그리스어에서 불의, 즉 ‘죄hamartia’라는 단어는 ‘과녁(표적)에서 빗나감’이란 뜻을 가지고 있다. 제대로 분별하지 못하는 것이 불의라는 의미다. 올바른 판단을 할 수 있는 시야가 흔들린 탓에 과녁을 향하여 화살을 쏘지만 관통하지 못하는 것이다. 당시 그리스인들은 소크라테스가 말한 단어의 뜻을 단번에 알아들었을 것이다. 소크라테스는 아테네인들이 살아가는 삶이 표적에서 벗어난 삶, 즉 당대를 한마디로 표현하면 ‘아크라시아Akrasia(판단력 없음, 자제력 없음)’의 상태임을 알려주고 싶었던 것이다.

그리스인들은 각자 최선의 삶을 살아감에도 불구하고 개인과 국가는 계속해서 불안과 혼란에서 벗어날 수 없었다. 이 혼란의 원인을 소크라테스는 다름 아닌 '무지'에서 찾은 것이다. 무지의 민낯을 드러냄으로써 소크라테스가 자신의 조국에 던진 화두는 무엇이었을까? 플라톤의 작품에서 그 답을 찾아보자.

『크리티아스』에는 신비의 섬 아틀란티스가 등장한다. 플라톤은 번영하던 아틀란티스가 갑자기 멸망하게 된 원인을 이렇게 설명했다.

> "강대국의 뛰어난 통치자도 본성physis으로 부여받은 덕arete과 지혜phronesis를 유지하지 못하고, 분수를 넘어 탐욕pleonexia과 오만hybris에 빠지면 자멸을 면치 못한다."

플라톤은 아테네를 과거 속으로 사라진 아틀란티스에 비유하여 한때 지중해를 호령하던 조국의 명운이 기울고 있다는 경고를 보낸 것이다. 아테네인들은 힘을 통한 지배와 그를 바탕으로 한 이익 축적에 몰두했다. 권력과 명예 그리고 물질적 풍요에 대한 욕망이 아테네인의 크고 작은 선택을 좌우하게 된다. 소크라테스의 눈에 그들은 아마도 '과녁 곧 분별에서 벗어난' 초라한 군상에 다름 아니었으리라.

정의란 무엇인가

아테네 역사상 최고의 부와 명성을 구가한 정치가 페리클레스의 대중 연설은 당대의 가치관을 여실히 드러냈다. 그의 연설문은 '위대성'과 '영광' 등 그리스 제일의 도시국가 아테네의 정치인으로서 자신감이 묻어나는 어휘들로 그득하다. 소크라테스와 플라톤이 즐겨 사용한 '정의', '돌봄', '덕', 그리고 '자유'와 조화를 이루기 어려운 표현들이다.

페리클레스는 자신과 아테네가 이룬 업적을 과시하느라 사회의 약자에게 눈을 돌릴 여력이 없었다. 제국의 영광을 위해서라면 그들은 얼마든지 희생되어도 괜찮았다. 내 이익에 따라 친구는 이롭게 적은 해롭게 해도 무방하니까. 현실에서는 도덕이나 법 대신 강자의 이해득실이 곧잘 정의의 잣대로 돌변한다. 그런데 친구와 적은 어떻게 구분할 것인가? 누가, 무엇이 나에게 이득이 될지는 상황마다 다르다. 기준이 명확하지 않은 이상 스스로 판단할 수밖에 없다. 그러니 삶 자체가 불안과 혼란의 연속이다.

소크라테스는 '참된 지식dikaiosyne', 즉 '가장 참된 앎gnosis'이란 '지성nous'과 '분별phronesis'이라고 말한다. 그 구체적 설명이 플라톤의 작품 중 『크라튈로스-이름의 올바름에 관하여』에 나온다. 소크라테스는 '참된 지식'을 소유하는 것을 방해하는 것이 바로 '무지'라고 본다.

정리해보면 이렇다. '참된 지식'은 '정의로운 것에 대한 이해dikaiosyne'에서 주어지는 것이다. 이 '정의dikaiosyne'라는 그리스어는 아주 흥미로운 의미를 갖는다. "그것만이 있는 것들을 관통하고diaion, 불태우면서Kaon 다른 모든 것들을 지배한다"라는 의미다. 반면 무지에서 비롯되는 '불의adikia'는 '관통하는 것diaion에 대한 방해'를 의미한다. 이런 이유로 우리의 삶이 잘 풀리는 것 같다가도 매사에 흔들리거나 실패하게 되는 것이다.

훗날 플라톤은 소크라테스와 네 명의 등장인물이 정의에 관해 서로 질문하고 답하는 장면을 역작 『국가』에 담았다.

그중 아테네인의 보편적 정의관을 대변하는 글라우콘과의 대화가 압권이다. 그는 투명인간이 되는 반지를 이용해 왕위를 찬탈한 리디아의 왕 기게스의 전설을 언급하며, 인간은 나쁜 짓을 할 힘이 없어 마지못해 도덕적으로 행동할 뿐이라고 주장한다. 정의는 자발적인 것이 아니라 타의에 의해 강요된 것이라는 말이다. 그는 '부정을 통해 얻는 이득'과 '정의로 인해 받는 손해'를 극단까지 몰고 감으로써,

정의 자체가 선(善)일 수는 없음을 보여주고자 했다.

> "그런 반지가 두 개 있는데, 하나는 도덕적인 사람이, 다른 하나는 부도덕한 사람이 꼈다고 칩시다. 반지를 끼기만 하면 들킬 염려 없이 노점에서 원하는 물건을 집어 가고, 어느 집이든 들어가 원하는 사람과 잠을 자고, 죽이고 싶은 사람을 죽이고, 감옥에 있는 죄수도 마음대로 풀어줄 수 있다면, 인간들 사이에서 신처럼 행동할 수 있다면, 도덕적인 사람이나 부도덕한 사람이나 자신의 덕성을 견지하고 자기 것이 아닌 것에 손을 대지 않을 만큼 강한 의지를 내보이지 못할 것입니다." [사이먼 블랙번, 윤희기 역(2014), 세종서적, 74~78쪽]

이런 논리라면 부도덕한 사람일수록 더 부유하고 성공적인 인생을 살 가능성이 높다. 양심은 이미 무디어져 그의 불의를 손가락질하는 세간의 평판도 하등 거리낄 것이 없다. 아마 신들 역시 그에게 흐뭇한 미소를 보내리라. 신의 축복을 얻기 위해 그가 남보다 더 많은 재물을 바칠 것이기 때문이다.

그런데 이쯤에서 분명히 짚고 넘어갈 부분이 있다. 성공과 부를 얻으면 우리는 정말 행복해질까?

인간은 영혼을 간직한 존재라고 믿는다. 그렇기에 생의 어느 모퉁이에서든 우연, 고통, 이별, 죽음 등 아무리 노력해도 피할 수 없는 한계 상황에 부딪힐 수 있다. 키르케고르는 이러한 인간의 실존을 '불안과 절망'이라는 용어에 집약했다. 쾌락을 좇는 '미적 실존'을 추구하는 자에게 남는 것은 오로지 두려움과 좌절, 권태뿐이라는 것이다. 겉으로 두드러질 만한 실패라고는 전혀 없이 평온히 살아가는 사람에게도 마음속 어딘가 '죽음에 이르는 병'인 절망이 깃들어 있을지 모른다.

플라톤의 『고르기아스』에서 소크라테스는 권력을 추구하는 정치가에게, 그리고 궁극적으로 우리에게 묻는다. 과연 어떻게 살아야 제대로 된 삶을 사는 것인가? 원하는 것을 무엇이든 할 수 있는 힘과 능력을 가지면 행복할까? 인간은 왜 사는가? 쾌락의 극대화를 위해? 아니면 정의와 덕을 위해?

인간은 왜 사는가?

눈물을 흘려도 행복한 사람의 비밀

동물과 달리 인간은 과거의 경험을 재해석하여 현재 자신이 처한 상황과 환경을 변화시키는 능력과 용기 그리고 지혜를 보유하고 있다. 플라톤의 『국가』에서 소크라테스는 지혜는 전체를 조망하거나 사리 분별을 가능하게 만드는 일종의 '앎episteme'이라고 갈파했다. 그 앎(지식)이 무엇인지 플라톤의 『국가』를 통해 자세히 살펴보자.

『국가』에는 그 유명한 '동굴의 비유'가 실려 있다. 플라톤은 세계가 현실과 이데아로 구분되고, 이데아가 참된 세계라고 주장한다. 현실 속의 인간은 캄캄한 동굴에 감금된 죄수에 비유된다. 그들은 앞에 있는 벽만 바라보도록 묶여 있고, 뒤에는 횃불이 타오른다.

어느 날 사람들이 동굴에 들어와 횃불 앞에서 모형을 조종하고 그 그림자가 벽에 비친다. 죄수들은 모든 것을 안다고 생각하지만 그것은 착각에 불과하다. 그들이 바라보는 것은 실물이 아니라 벽에 드리워진 인형 또는 모형의 그림자다.

플라톤은 왜 '동굴의 비유'를 썼을까? 그는 "인공물의 그림자가…… 이 상황 속에서 사람들이 인지하는 유일한 실재인 셈"이라는 점을 강조하고 싶었던 것이다. 죄수가 태어나 경험한 세계는 동굴이 전부이므로 그들은 동굴 속의 그림자가 실재라고 여기며 산다. 모두가 똑같은 그림자를 보고 아무도 의심하지 않으므로 자기가 경험한 사실이 진짜라고 믿는 것이다. 게다가 그들에게는 다른 세계에 대한 지식이 전혀 없어 다수의 믿음과 경험에 어긋나는 행동은 절대 용납하지 않는다.

그러던 어느 날 한 죄수가 동굴을 벗어난다. 결박이 풀려 뒤를 돌아본 죄수는 몹시 혼란스럽다. 자기가 알던 세상은 다 가짜였던 것이다. 자유를 얻은 그는 호기심을 품고 실재하는 세상을 향해 나아간다. 그는 온 세상을 비추어 사물의 참모습을 깨닫게 하는 태양 아래서 진리를 터득한다.

진리인 양 위장한 '앎'의 그림자들은 우리의 인식을 가둔 어두운 동굴 속에도 아른거린다.

우리 역시 동굴에서 나고 자란 죄수와 같다. 때로는 진리를 구하는 대신 부자나 유명인의 그림자에서 행복과 성공의 힌트를 얻으려 한다. 그들은 자신이 깨달은 실용적 지식을 마치 시대를 초월한 진리인 양 전파하며 많은 사람이 그에 공감하길 바란다. 그 지식을 토대로 가깝고 먼 장래의 길흉화복을 예측하고, 누구나 그들처럼 될 수 있다는 헛된 희망을 사람들에게 주입한다. 그리고 사람들은 그들의 뒤를 따라 판박이 성공을 향해 길을 걷는다.

그 어느 때보다 '잘 사는 법'에 대한 정보와 조언이 넘쳐나는 시대다. 우리는 여전히 두려워하고 좌절한다. 어떻게 해야 진정한 의미에서 가치 있는 인생, 성공한 삶을 살 수 있는 것일까?

"진리를 깨달은 사람은
자신만의 행복을 위해 살지 않는다."

다시 동굴의 비유로 돌아가보자. 동굴 밖으로 나와 실재 사물을 직접 본 죄수는 동굴에 남은 동료들을 떠올린다. 그는 밝고 따스한 태양 아래 즐거움을 만끽하며 혼자 살 수도 있었다. 하지만 그는 자신의 눈에 보이는 것만이 진짜 세계라고 믿는 죄수들에게 연민과 동정을 품는다. 그리고 그들에게 진실을 알려주기 위해 다시 동굴로 들어간다.

플라톤과 그의 스승 소크라테스는 동굴의 비유를 통해 말한다. 진리를 깨달은 사람은 자신만의 행복을 위해 살지 않는다고, 너와 내가 함께 행복을 누리는 길을 찾아야 한다고 역설하는 것이다. 어떤 이는 지나치게 이상적인 주장이 아니냐고 반문할지도 모른다. 그러나 타인의 행복이 곧 나의 행복이라는 가르침은 소크라테스와 플라톤의 전유물이 아니었다.

중국의 제자백가 중 맹자도 유사한 이야기를 들려준다. 『맹자』「양혜왕」 하편 제5장에 보면 "늙고 아내가 없는 이를 홀아비라고 하고, 늙고 지아비가 없는 이를 과부라 하며, 늙었는데 부양해줄 자식이 없는 이를 무의탁자라 하고, 어린데 보살펴줄 부모가 없는 이를 고아라고 합니다. 이 네 부류는 천하에 곤궁한 백성으로서 어디에도 호소할 데가 없습니다. 문왕은 정사를 펴 어진 마음仁을 베풀 때 반드시 이 네 부류를 가장 먼저 배려했습니다"라고 기록되어 있다.

'동굴의 비유'에서 진리를 깨달은 자의 발걸음은 어디로 향했는가? 그는 연민과 긍휼을 품고 자기의 도움을 필요로 하는 타인에게로 나아간다. 플라톤이 살았던 시기는 기원전 약 427년에서 기원전 347년경이고, 국가가 약자를 배려하는 정치를 해야 부강해진다고 믿었던 맹자의 생존 시기는 기원전 372년부터 기원전 298년경이었다.

비슷한 시기를 산 플라톤과 맹자가 오늘날의 우리에게 던져주는 교훈은, 사람을 사랑하고 소중히 여기는 '인간다운 마음'의 기초 위에 올바른 삶의 윤리를 세우지 않으면 인생의 진정한 승리자가 될 수 없다는 것이다. 이것이 바로 소크라테스가 인간의 조건으로 내세운 아레테이다.

위기의 시대를 앞서 살아간 철학자들은 좋은(행복한) 삶이란 과연 무엇인가를 끊임없이 숙고했다.

소크라테스는 무언가가 좋다고 꼭 즐겁지만은 않으며, 나쁘다고 항상 괴로운 것도 아니라고 이야기했다. 정의의 편에 서서 쓰라린 눈물을 흘릴지라도 인간이 행복을 경험할 수 있는 비밀이 여기에 있다.

올바른 판단과 지혜가 가져다주는 '좋음'은
나쁜 즐거움을 압도한다.

동일한 맥락에서 우리의 불우한 과거와 환경도 얼마든지 달리 해석할 수 있다. 우리는 올바른 지성에 의지하여 자신이 탄 배의 방향타를 행복을 향해 조정하며 계속 전진할 수 있다.

금수저니 흙수저니 하는 말에 속절없이 매일 필요가 없다. 슬픈 현실을 넘어 승화와 초월에 다다른 자의 강력한 치유력은 세상을 변화시키는 힘찬 동력이 되며, 드러내고 싶지 않은 불행한 과거가 똑같은 고통과 상처로 신음하는 사람들이 새롭게 삶을 시작하게 만드는 용기의 출처가 된다.

이것이 인간이 지닌 지혜의 능력이다. 소크라테스가 말한 참된 지성은 현실이 암담할수록 더욱 그 빛을 발한다.

헬그리스도 헬조선도
없다

고대 그리스는 젊은이들에게 있어 내일을 약속할 수 없는 혼돈의 땅이었다. 아테네는 어쩌면 오늘 우리가 살고 있는 대한민국보다 더한 불의와 불합리가 판을 치는, '헬그리스'라는 호칭이 어색하지 않을 나라였다고도 볼 수 있다.

지성인 그룹인 소피스트는 입신양명을 꿈꾸는 청년들에게 물질적 풍요와 명예를 얻는 임기응변식 처세술을 가르쳤고, 그 대가로 부를 거머쥐었다. 힘의 논리에 오도된 아테네 정치인들은 기나긴 전쟁과 무거운 부역에 시달리는 시민들의 애환에 무관심했다. 아테네 사회는 아름다움을 숭상한다는 미명하에 장애인들을 도시 밖으로 쫓아내곤 했고, 그 결과 공동묘지에는 장애인의 무덤이 희귀할 정도였다.

플라톤의 저작 『크리톤』의, 소크라테스가 탈옥을 거부하는 장면에서 마치 아테네의 법이 자신에게 얘기하듯 소크라테스는 이렇게 말하고 있다. "당신[소크라테스]은 절름발이와 장님, 불구자들보다도 도시를 떠난 적이 더 적지." 사회적 약자들은 아무도 돌봐주지 않는 사각지대에 갇혀 무기력한 인생을 살아야 했다.

소크라테스는 바로 이런 도시, 혈통에 의해 신분이 결정되고 여성은 물론 남성도 거리에서 몸을 파는 문란하고 암울한 아테네에서 태어났다. 그리고 소크라테스의 범죄 여부나 생사보다 배심원에게 지급되는 일당에 급급하여 죄 없는 사람을 사형으로 몰아간 시민들의 손에 최후를 맞았다.

한마디로 말해, 소크라테스 생전의 아테네는 타인을 짓밟고 성공하려는 음모와 비방, 불의와 무절제의 각축장이었다. 도시 전체가 부조리와 부당함으로 똘똘 뭉친 단단한 바위와도 같았다. 돈 없고 빽 없는 서민들은 눈곱만큼의 희망도 가질 수 없었다.

기원전 5세기의 고대 아테네처럼 현재의 대한민국도 어두운 이야기가 많다. 그래서 '헬조선'이라는 말까지 나왔다. 지옥과 조선을 합성한 신조어 '헬조선'은 말 그대로 '지옥 같은 대한민국'이라는 뜻이다. 연애·결혼·출산을 포기하는 '삼포'에서 더 나아가 주거·취업·결혼·출산까지 포기해야 하는 N포 세대가 20~30대의 다수를 이루고 있다. 요즘 인터넷을 검색하면 헬조선닷컴, 헬조선 계급도에 이어 헬조선 연구소와 커뮤니티, 그리고 지옥불반도라는 단어까지 눈에 띈다. 그만큼 불안과 좌절의 구름이 우리 마음속을 어두컴컴하게 뒤덮고 있다는 의미일 것이다. 날로 경쟁이 격화되는 제로섬 사회에서는 그 누구도 서로를 믿고 의지할 수 없다. 정치·경제·사회 분야를 비롯하여 가정과 개인 모두 미래에 대한 기대를 잃고 말았다. 빈곤과 실직, 가정 붕괴, 진학과 진로 문제로 고심하며 나날을 버티는 핏기 없는 영혼들이 거리를 방황한다.

다행스럽게도 이런 패배주의적 분위기에 굴하지 않고 내일의 희망을 이야기하는 움직임도 일고 있다. 그들은 인문학을 길잡이 삼아 소유가 아닌 '존재', 물질적 부가 아닌 '참된 성공'을 추구함으로써 삶의 문제에 보다 근본적으로 접근하고 있다. 소크라테스가 강조한 올바른 지성을 향한 갈망을 나타내는 긍정적 신호다.

소크라테스가 말하는 참된 지성인이란 어떤 사람들인가? 이들은 사회에서 존경받고 롤모델이 되는 것을 최종 목표로 삼지 않는다. 전문지식과 기술, 풍부한 정보를 활용하여 대중의 인기에 영합하려 들지도 않는다.

소크라테스적 지성인은 자신의 탁월함을 굳이 남들 앞에 증명해 보이려 하지 않는 고고한 인품과 덕을 지녔다. 그들은 타인이 자신의 착한 본성을 자각하도록 돕는 역할을 한다. 건강한 지성을 갖춘 자는 빈부귀천을 막론하고 모든 인간에 대한 존경심과 두려움을 갖고 올바른 역사의 방향을 가려내며, 내가 속한 공동체의 구성원들이 풍요로운 삶을 영위하며 더불어 행복하기를 꿈꾼다.

소크라테스는 아마도 끝없이 방황하며 불평하는 청년들에게 오히려 지성인이 돼라고 주문할 것이다.

그러나 당장 끼니를 걱정해야 하는 팍팍한 현실 앞에서 이성이니 지혜니 하는 얘기는 사치스러운 언어의 유희일 뿐 정작 젊은이들은 자신을 가둔 답답한 울타리를 깨고 나와 자신의 열망을 성취하는 데 어떤 도움이 되는가 하고 반문할 수밖에 없다.

세간의 날선 지적대로 지식의 실용성은 소크라테스가 일생 동안 궁구한 철학의 주제가 아니다. 그는 변함없는 진리와 올바른 지성에 확고히 발을 딛고 홀로 시대와 체제의 거대한 흐름에 맞섰다. 계란으로 바위를 치려는 철학자 소크라테스의 무모한 용기와 지혜는 그 불변성으로 인해 인류사의 등불이 되곤 했다. 문제는 있으나 뚜렷한 해결책이 없는 아포리아에 빠진 우리 역시 시대를 초월해 울려 퍼지는 소크라테스의 지성에서 답을 구할 필요가 있다.

고대 아테네의 거리를 누비던 세상 물정 모르는 철학자, 소크라테스. 그와 우리는 진리를 매개로 영원한 시간을 가로질러 맞닿아 있다. 그런 의미에서 보자면, 고종석 작가가 쓴 에세이의 제목처럼 "우리는 모두 그리스인"이다.

아리스토텔레스

상실의 광야를 지나 빼앗길 수 없는 행복을 찾아라

- 기원전 384년 그리스 북부 스타게이라에서 아리스토텔레스 출생.
- 기원전 375년~기원전 374년 아버지 니코마코스와 어머니가 갑자기 사망하자 삼촌(아버지의 친구라는 설도 있음) 프록세노스에게 맡겨짐.
- 기원전 367년 아테네 유학(17세). 아카데메이아에서 20년간 수학.
- 기원전 347년 스승 플라톤 사망. 아카데메이아의 총장으로 플라톤의 조카인 스페우시포스가 지명됨.
- 기원전 347년 아소스 섬(이오니아 지방의 항구도시)에 정착. 아카데메이아 분교 설립. 피티아스와 결혼(참주 헤르미아스의 조카이자 의붓딸).
- 기원전 345년 레스보스 섬으로 이주.
- 기원전 343년/기원전 342년 마케도니아 왕 필리포스 2세의 부름을 받음. 어린 왕자 알렉산드로스의 스승(가정교사)이 됨.
- 기원전 340년 알렉산드로스가 왕위에 오르고 그리스 전역을 통일.
- 기원전 335년 아테네 귀환(49세). 리케이온 세움(아폴론 리케이오스 신전 부근). 소요학파로 불림.
- 기원전 323년 알렉산드로스 대왕의 사망. 반마케도니아 운동. 불경죄라는 죄목으로 기소당함. 야반도주를 하여 어머니의 고향인 에우보이아 칼키스로 피신.
- 기원전 322년 아리스토텔레스 사망(63세).

세상살이는 책에 적힌 것과 다르다
"인간의 삶의 목적은 행복에 있다"

"우리는 희망이 없어도 갈망 속에서 살아간다"

— 베르길리우스

17세에 아테네 유학길에 오른 아리스토텔레스
당대 최고의 학문의 전당 '아카데메이아'에서 천재라 불리던 자
제국을 건설한 마케도니아 왕 알렉산드로스의 스승

그러나 그의 생은 순탄하지 못했다
연이은 상실……
부모의 갑작스러운 죽음, 스승 플라톤의 배신, 아내와의 사별,
사형 선고와 야반도주, 그리고 섬에서의 외로운 죽음

그는 저주받은 자인가?

상실을 경험하며 살아가는 인간
아리스토텔레스는 자신의 인생철학을 통해 역설한다

"그럼에도 불구하고 갈망이 있는 자는 행복하다"

난폭하기 그지없는 운명의 마차에
쫓기듯 살았던 아리스토텔레스
왜 가고 오는 세대는 그의 철학에 열광하는가?

단테는 지옥에서
그리스와 로마의 위대한 시인과 영웅,
철학자들을 만난다
거기서 모든 사람의 관심과 존경을 한 몸에 받는
지혜자의 지존을 목도한다
그는 아리스토텔레스였고
소크라테스와 플라톤도 그에게 경의를 표했다

— 단테의 『신곡』에서

왜 아리스토텔레스가 지혜자들의 지존일까?
삶에 대한 갈망이 사라지고
상실감으로 오늘 하루를 버티기 힘든 우리에게
그가 행복한 삶의 비결을 가르친다

이 상실의 시대에 행복을 구하다

기원전 431년, 아테네와 스파르타는 그리스의 패권을 놓고 펠로폰네소스 전쟁(기원전 431~기원전 404년)을 벌인다. 전쟁 이후 아테네의 정치는 혼란에 빠지고, 승자인 스파르타도 회복 불능의 상태로 치닫는다. 폴리스가 쇠약해진 틈을 타 마케도니아의 왕 필리포스 2세(기원전 382~기원전 336년)가 그리스 전역을 자신의 세력하에 두었다.

아테네 사람들은 마케도니아인을 야만인(Barbaroe, 알 수 없는 말을 쓰는 사람)으로 여겼다. 그 야만인이 폴리스를 점령한 것이다. 아테네인들은 자신들이 누리던 전성기의 풍요와 번영이 영원할 것이라고 생각했다. 그러나 갈등과 불화와 깊은 상실의 그림자가 아테네와 그리스의 하늘을 뒤덮는다. 이때 마케도니아인인 아리스토텔레스가 아테네에 행복의 메시지를 전한다.

어쩌면 우리도 21세기판 상실의 시대를 살고 있는 건 아닐까? 열심히 공부하고 최선을 다하면 행복할 줄 알았는데 어느 날 예고도 없이 힘든 일이 생기고 불행이 들이닥친다.

일가친척 하나 없는 버려진 삶, 믿었던 이의 배신, 장애를 안고 태어난 아기, 남편 없이 홀로 자녀를 키우는 말기 암 여성, 평생을 바친 직장에서 해고당한 가장의 신음소리……. 월세를 내기 위해 알바에 허덕이는 젊은이들이 넘쳐난다. 아이들과 청년들이 명문대학 또는 대기업이나 공무원 시험이라는, 사회가 정해놓은 성공의 길로 좀비같이 내달린다.

이 상실의 땅에서도 꿈을 꿀 수 있을까?

내가 온전히 '나'일 수 있는, 상황과 환경을 변화시킬 불굴의 의지는 어디서 비롯될까? 어떻게 살아야 행복할까?

다 잃어버린 자,
아리스토텔레스는 누구인가

아리스토텔레스는 기원전 384년 아테네 사람들이 촌동네라고 부르는 그리스 북부 스타게이라에서 태어났다. 그가 열한 살이 될 무렵 마케도니아 왕 아민타스 2세의 궁정 의사였던 아버지 니코마코스와 어머니가 한꺼번에 세상을 떠났다. 그의 인생에 찾아온 첫 번째 상실이다. 이후 그는 삼촌인 프록세우스에게 맡겨져 양육된다.

아리스토텔레스는 17세가 되던 기원전 367년 아테네로 유학을 간다. 당시 학문과 예술의 중심지였던 아테네에서, 그것도 당대 최고의 철학자였던 플라톤의 아카데메이아에서 공부하게 된 것이다. 플라톤은 아리스토텔레스를 두고 '아카데메이아의 정신'이라며 칭찬을 아끼지 않았다. 얼마 지나지 않아 그는 그곳에서 교수로서 학생들을 가르친다.

하지만 세월이 갈수록 플라톤과 아리스토텔레스는 학문적 견해가 갈렸다. 플라톤은 "현실은 그림자일 뿐이고 저 너머에 완전한 세상인 이데아가 있다"라고 주장했다. 이와 반대로 아리스토텔레스의 철학은 극히 현실적이었다.

그는 현실을 관찰하고 실험하는 과학자의 눈으로 인간과 자연을 탐구했다.

플라톤은 어느덧 노령이 되었고 자신이 설립한 아카데메이아를 누군가에게 물려주어야 했다. 당연히 아리스토텔레스가 적임자였지만, 플라톤은 평소 자신이 실력 없다며 질타했던 조카 스페우시포스를 후임자로 정했다. 어쩔 수 없이 아리스토텔레스는 20년 동안 자신의 꽃다운 젊음을 쏟아 부은 그곳을 떠나야 했다. 이것이 두 번째 상실이다.

십 대에 이국땅에서 부모를 잃은 아리스토텔레스는 아테네 최고의 학자인 플라톤의 수제자로 공부를 하면서 어떤 생각을 했을까? '야만인' 마케도니아인으로서 늘 신변의 위협을 느끼던 아리스토텔레스는 스승 플라톤을 부모나 다름없이 믿고 의지했다. 그런데 플라톤은 결정적 순간에 그에게 등을 돌렸다. 친구와 적을 구분하지 말고 적에게도 유익을 끼치는 게 '정의'라던 플라톤의 가르침은 위선에 지나지 않았던 것이다.

기원전 347년, 당시 아리스토텔레스의 나이는 37세로, 무언가를 다시 시작하기에는 아무래도 애매한 나이였다. 인생의 중반에 접어들며 학자로서 본격적으로 빛을 발할 수 있는 나이였기에 충격은 더 컸을 것이다. 지금으로 따지면 고교 2학년생일 때부터 삼십 대 후반까지 부총장의 지위에서 학생을 가르치던 교수가 어느 날 갑자기 실직을 한 셈이다.

엎친 데 덮친 격으로 아리스토텔레스의 조국 마케도니아의 왕 필리포스 2세가 올린토스를 공격하면서 그리스 정복 전쟁의 서막이 오른다. 플라톤은 그해에 숨을 거두었다. 결국 아리스토텔레스는 적국의 국민이 되어 아테네를 떠난다.

아리스토텔레스가 처음으로 간 곳은 이오니아 지방의 항구도시 아소스 섬이었다. 그곳에서 지배자(참주) 헤르미아스의 조카이자 의붓딸인 피티아스를 보고 첫눈에 반한 아리스토텔레스는 그녀와 결혼한다. 결혼생활은 무척 행복했고, 그는 아소스에 아카데메이아의 분교에 해당하는 학교를 세웠다. 그러나 또다시 그에게 불행이 찾아든다. 사랑하는 아내 피티아스가 죽은 것이다. 이것이 그가 겪은 세 번째 상실이다.

아리스토텔레스가 41세가 되던 기원전 343년, 마케도니아의 왕 필리포스 2세는 그를 당시 13세이던 알렉산드로스 왕자의 스승으로 초빙한다. 20세에 즉위한 알렉산드로스는 그리스 전역을 통일하는 대업을 이루고, 이어서 동방 원정에 나선다.

어떤 이들은 알렉산드로스가 대제국을 건설하는 과정에서 아리스토텔레스와 지속적으로 교류를 나누었다고 추측하기도 한다. 하지만 왕의 행적을 주의 깊게 살펴보면 그가 진지한 자세로 스승에게 정치적 자문이나 학문적 가르침을 구한 흔적은 없다. 또한 아리스토텔레스는 당시 세계를 제패한 위대한 왕의 스승이었어도 그 혜택을 별반 누리지 못했다. 알렉산드로스 대왕은 가는 곳마다 '알렉산드리아'로 명명된 도시를 세우고 도서관을 지은 것으로 유명한데, 막상 아리스토텔레스를 위해서는 고국 마케도니아나 그 어디에도 학교를 세워주었다는 기록이 없다. 네 번째 상실이다.

알렉산드로스가 그리스를 통일한 후 아리스토텔레스는 스승 플라톤에게서 처절한 상처와 굴욕을 당했던 아테네로 되돌아간다. 기원전 335년의 일로, 그의 나이 49세 되던 해이다.

그는 아폴론 리케이우스 신전 근처에 '리케이온'이라는 학교를 세우고, 정원이나 숲속을 산책하면서 학생들과 대화를 나눴다. 그리스어 페리파테인peripatein에서 유래한 페리파토스peripatos는 산책을 하며 지혜를 배운다는 뜻이다. 그래서 이들은 '페리파토스 학파'(소요학파逍遙學派)로 불렸다. 아리스토텔레스는 13년간 리케이온에서 학생들을 가르치며 학문적 절정기에 이른다.

그러나 아리스토텔레스의 행복은 그리 오래가지 않았다.

그의 제자였던 알렉산드로스 대왕이 당시 세상의 끝이라고 여겨지던 인도 서부를 정복한 후 갑자기 사망한다. 광대한 제국을 건설한 왕이 열병을 앓다 허무하게 죽은 것이다. 그 뒤 아테네를 비롯한 그리스 본토에서는 반마케도니아 운동이 번졌다.

아리스토텔레스는 곧장 주적 일순위로 지목되었고 아테네 시민들은 그를 소크라테스에게 적용했던 죄, 곧 '불경죄'로 기소했다. 사형은 기정사실이었다. 아리스토텔레스는 플라톤에게서 버림받았던 25년 전처럼 또다시 야반도주를 감행해야 했다.

아리스토텔레스는 어머니의 고향인 에우보이아의 칼키스로 피신해 거기서 지내다가 이듬해에 죽는다. 그의 나이 63세였다.

한창 사랑받으며 자라야 할 시기인 십 대 초반에 아버지와 어머니를 여의고, 부모 품이 그리워 인생 막바지에 어머니의 고향으로 돌아가 외롭게 죽어간 아리스토텔레스. 니체는 고통이 영원토록 회귀하는 것이 인간의 정해진 운명이라고 일갈한 바 있다. 그의 해석대로 아리스토텔레스의 생애는 인생이 본질적으로 폭력적이며 파괴적이라는 사실을 증명해주는 것일까.

아리스토텔레스는 일평생 인간이란 어떤 존재이고 어떻게 살아야 하는가를 대중들에게 가르쳤다. 그리고 인간의 삶의 목적은 행복임을 일관되게 피력했다. 아리스토텔레스는 자신의 삶으로 여과한 진정한 행복의 의미를 우리에게 유산으로 남겨주었다.

운명은 예상할 수도 통제할 수도 없다.

그런데도 사람들은 공식대로만 하면 누구나 성공하고 행복할 수 있다는 하얀 거짓말을 남발한다. 그러나 우리는 저주 같은 삶을 꿋꿋이 버텨낸 철학자 아리스토텔레스의 행복론에 좀 더 주목할 필요가 있다.

아리스토텔레스는 어느 누구도, 어떤 상황과 환경도 빼앗지 못하는 행복이 있음을 굳게 믿었다. 지난 수천 년간 전 세계 사람들이 그의 철학을 공부하고, 그 속에서 행복을 발견한 데는 분명 그만한 이유가 있는 것이다.

예측할 수 없는 변화 속에서 행복 찾기

사람들은 목적이 이끄는 삶, 즉 꿈꾸는 대로 이루어지는 삶을 기대한다. 삶의 모든 과정은 최종 목적지를 향해 가는 여정이다. 하지만 아리스토텔레스의 생애만 놓고 보더라도 목적을 성취하는 것이 행복의 유일한 조건은 아님을 알 수 있다.

인간에게는 '지금, 여기'의 시간만 존재한다. 아리스토텔레스는 사물이 존재하는 원인을 변화의 관점에서 설명한 '4원인설'을 제시했다.

삶은 매순간 변화하기 때문에
그 변화를 어떻게 받아들이고 해석하느냐에 따라
행복과 불행이 결정된다.

네 가지 존재의 원인은 질료인, 형상인, 목적인, 운동인이다. '질료'는 말 그대로 재료이며, '형상'은 계획 또는 설계도를 가리킨다. 아무

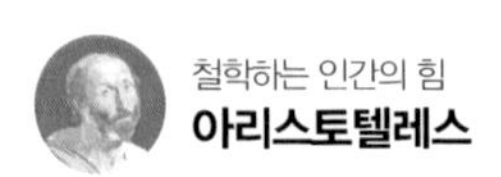

리 훌륭한 재료와 계획이 있어도 존재의 목적이 정해져야 사물이 제 몫을 다한다는 점에서 '목적인'은 변화의 핵심 원인이다. 그에 비해 '운동인'은 누군가 그것을 만들기 위해 개입하지 않으면 변화는 불가능하다는 것을 말하고 있다.

유대인 철학자 마르틴 부버Martin Buber가 인간을 '사이적 존재'라고 정의한 것처럼, 우리는 사회 속에서 서로 긴밀히 영향을 미치며 저마다 독특한 인생의 나이테를 형성한다. 아리스토텔레스 역시 "인간은 정치적(사회적) 동물"이라고 하지 않았던가? 사물을 존재하게 하고 변화를 일으키는 데 가장 중요한 최종 단계가 목적인이라고 주장하는 이들이 적지 않다. 그러나 아리스토텔레스가 인간을 끊임없이 서로 영향을 주고받는 정치적(사회적) 동물로 규정했다는 점에서 최종 단계인 변화의 핵심 원인은 운동인이 되어야 한다. 아무리 위대한 목적이 있더라도 그것을 현실화할 정치적 인간이 없다면 그야말로 헛된 꿈에 불과하기 때문이다.

그런데 이 4원인설은 대체 오늘을 사는 우리와 무슨 상관이 있을까? 그가 아테네에서 리케이온 학교를 세워 젊은이들에게 행복을 가르친 이유를 살펴보자.

"인간은 정치적 동물이다."

아리스토텔레스가 37세에 아테네를 떠났다가 49세가 되던 해에 되돌아와 리케이온을 세웠을 때 그를 찾아온 사람들의 면면은 어떠했을까. 주로 아테네 귀족 가문 청년들이 아리스토텔레스를 찾아왔다. 리케이온의 교수법과 커리큘럼 등이 현대 대학의 모델이 될 만큼 리케이온은 체계가 잘 갖춰지며 나날이 성장했다. 그런데 이미 명성 자자한 아카데메이아가 있는데 왜 그들은 아리스토텔레스가 있는 리케이온으로 모여든 것일까?

당시 아테네의 거리는 뇌물공여와 편법을 자행하고 강한 자의 이익을 외친 기득권층, 일신의 안위만을 추구한 젊은 정치지망생들로 들끓었다. 그 한복판에서 한때 플라톤은 정의를 외쳤고, 상처 입은 약자들에게 희망의 등불이 되어주었다. 그러나 플라톤은 말년에 무능한 조카에게 아카데메이아의 학장 자리를 물려주었고, 그러한 세습 행위를 목격한 아테네인들은 플라톤도 어쩔 수 없는 속물이라는 자괴감에 빠져들었다.

젊은 세대는 정직하고 윤리적인 어른의 존재를 통해 위로를 받고 그를 롤모델로 삼아 자신의 미래를 설계해나가야 한다. 그런데 그럴 만한 어른이 없다면 세상은 어떻게 될까? '변화는 정녕 불가능한 걸까?', '그놈이 그놈이니 나 하나 잘되면 그만 아닌가?' 라는 생각이 당시 아테네 청년들 사이에 팽배했다.

이러한 상황에서 아리스토텔레스가 혜성같이 나타나 변화의 4원인설을 가르친 것이다. 변화라는 그 말에 젊은이들은 호기심을 느꼈다. 아리스토텔레스는 변화의 방향을 '현실태'와 '가능태'라는 개념으로 설명했다.

가능태(질료)는 최종 목적인 현실태의 형상이 결여된 상태이다. 예를 들어 한 덩어리의 대리석은 조각상(현실태)의 가능태이며, 불완전해 보이는 지금의 나 역시 미래의 나를 담고 있는 가능태이다. 아리스토텔레스의 변화 이론은 무엇 하나 되는 게 없어 남부끄럽고, 왜 사는지 이유를 모르는 채 불안한 나날을 보내는 이들에게 깊은 위로와 희망을 선사한다.

아리스토텔레스는 우리의 현재가 그저 죽지 못해 버티는 무엇이 아니라 완벽한 형상을 만들어가는 변화의 과정이라고 말하고 있다.

우리 모두는 눈부시게 아름다운 꽃으로 피어날 씨앗을 영혼 속에 간직하고 있는 것이다.

얼마 전 한동대학교 교수가 된 이지선 작가는 "삶은 선물입니다"라고 말한다. 이지선 작가는 대학 시절 음주운전자의 부주의로 일어난

교통사고로 전신화상을 입고는 오랜 시간 생과 사를 넘나들며 투병 생활을 했다. 그녀는 "저는 그날 사고를 '당한' 게 아니라 '만났'습니다"라고 말한다. 맞다. 삶은 수동적으로 당하는 게 아니라, 능동적으로 '만나는 것'이다. 내가 만난 그 사건을 어떻게 해석하느냐에 따라 인생의 결과는 사뭇 달라진다. 때로는 삶이 나를 속이고, 내가 그 앞에 초라하게 무릎 꿇어야 하는 듯 보여도 인간에게 정해진 운명은 없다. 인간 정신의 고귀함 앞에서는 불행의 여신조차 위력을 잃는다.

삶은 수동적으로 당하는 게 아니라
능동적으로 만나는 것!

우리를 정말 힘들게 하는 것은 무엇인가? 어떻게 살아야 사람답게 사는가 하는 문제다. 좋은 학교, 좋은 직장, 좋은 가족, 좋은 아파트, 좋은 자동차를 소유해도 만족감은 금세 사라진다. 딱히 문제는 없는데 왠지 허전하다.

인간의 본질이 변화하려면 우선 훌륭한 재료, 설계도, 목적이 필요하다. 하지만 이들 외에 '운동인'으로서 한 사람의 적극적인 사랑과 용납 그리고 개입이 있어야 한다. 아리스토텔레스는 이를 '실천적 지성'이라고 불렀다. 올바른 가치를 실제 행동으로 옮기도록 타인을 도와 변화를 이끌어내는 것이 바로 실천적 지성이다. 아리스토텔레스는 그 자체로서 가치를 지니는 최고선을 행하여 돈이나 권력 같은 외적 선이 아니라, 내 인격이 칭찬과 감탄의 대상이 되는 것이야말로 좋은 삶, 즉 행복이라고 선언했다.

그래서인지 아리스토텔레스는 20년 동안 아낌없이 헌신했던 플라톤의 배신과 그 후에 찾아온 상실의 세월에 대해 앙갚음하려 하지 않았다. 그가 원했다면 알렉산드로스 대왕의 권력을 등에 업고 얼마든지 아카데메이아를 문 닫게 할 수도 있었을 것이다. 그러나 그의 시선이 머문 곳은 아테네 젊은이들의 무한한 가능성이었다.

아테네 외곽에 리케이온 학교를 열고 인간과 삶을 연구한 아리스토텔레스를 당시 젊은이들은 어떤 시각으로 보았을까? 그동안 평범하게 살아왔다는 듯 담담하게 행복을 가르치는 아리스토텔레스의 강의를 들으며 그들은 그 어떤 상황에서도 결코 빼앗기지 않는 행복을 발견했다.

아리스토텔레스는 젊은이들이 운명에 굴하지 않고 세상을 변화시키려 꿈꾸기를 바랐다. 그것이 세상을 변화시키는 '운동인'이 되리라 믿었다.

복잡다단한 우리네 인생사를 다 이해하거나 해석하려 들지 마라. 우리는 죽을 때까지 그 의미를 완벽하게 깨닫거나 이해할 수 없다.

하지만 최고선을 고민하며 살아 있는 이 순간, 적어도 우리는 우리가 살아가는 세상을 움직이며 바꿔가고 있다.

진정한 행복,
에우다이모니아

아리스토텔레스는 사랑하는 아들 니코마코스에게 가르치고 싶은 교훈을 담아 『니코마코스 윤리학』을 썼다.

이를 통해, 인간에게 가장 좋은 삶, '행복(에우다이모니아εὐδαιμονία, eudaimonía)이란 무엇인가'라는 근본적 질문에 답하고자 한 것이다. 그리스어 에우다이모니아는 우리말로 '행복'으로 번역되었지만, 아리스토텔레스가 의도한 본래의 의미와는 좀 다르다. 에우εὐ는 '좋은', 다이모니아δαιμονια는 '영혼, 정신, 마음'이라는 뜻이므로 에우다이모니아는 결국 '좋은 정신 활동'을 의미한다.

아리스토텔레스는 행복은 단지 기분이 좋거나 고통이 없는 것을 말하는 게 아니라, "인간 본성에서 가장 고결하고 가장 좋은 것을 성취하는 데서 오는 기쁨"이라고 정의한다. 그에게 불행은 악한 인격으로 악한 행위를 하는 것이다. 그것이 비참한 삶이다.

행복이란 "인간 본성에서 가장 고결하고
가장 좋은 것을 성취하는 데서 오는 기쁨"이다.

사람들은 저마다 행복에 대한 기준을 갖고 있다. 어떤 사람은 쾌락이나 부, 어떤 사람은 명예를 행복으로 여긴다. 만일 쾌락이나 부가 행복의 전부라면 인간은 동물과 다를 바 없을 것이다. 평생 채울 수 없는 욕망의 노예로 살 테니까 말이다. 명예가 행복의 조건이 되면 그 행복은 상대가 나를 대하는 태도에 철저히 종속된다. 명예는 타인에 의한 평가이므로 내가 주인이 되어 통제할 수 없다. 그런 행복은 주변 사람에 의해 언제든 소멸될 수 있는 불안정한 것이다.

아리스토텔레스 당대의 아테네 청년들은 대다수가 정계 입문을 희망했다. 정계 입문은 즐거움과 부와 명예를 동시에 획득하는 최선의 방법이었다. 이 젊은이들은 사회의 약자들이 절망에서 다시 일어설 수 있도록 기회를 열어주는 데는 일말의 관심도 없었고, 오로지 자신의 출세와 번영을 위한 변증술을 익히는 데만 열중했다. 아이러니하게도 그들은 민주주의의 상징인 아고라 광장에서 서슴지 않고 거짓과 기만적 논쟁으로 경쟁하며 이기는 법만을 배우는 중이었다.

오늘날에도 유수의 지성인들이 최고의 삶이란 무엇인가를 가르치지만, 우리는 여전히 답을 찾아 헤맨다. 달콤한 쾌락의 잠에서 문득

깨어나 그동안 공들인 부와 명예의 탑이 허물어지는 날, 우리 인생은 갑자기 혼돈과 허무 속에 내동댕이쳐진다. 견고해 보이던 삶의 질서가 하룻밤에 허망하게 무너진다. '좋은' 삶은 과연 무엇일까?

아리스토텔레스가 '좋은'이라는 뜻으로 사용한 그리스어 '아가톤αγαθον, agathon'은 어떤 기능이나 도덕이 완성된 '탁월함', '좋음'을 의미한다. 인간으로서의 자아실현, 인격적인 덕의 함양을 목표로 하지 않고는 좋은 삶을 영위할 수 없다. 한 사람의 도덕성에 금이 가면 보이지 않는 영혼의 깊은 곳, 그리고 그의 자존감에 하나둘 생채기가 남는다. 그래서 돈과 권력을 가져도 진정한 만족은 없는 것이다.

남은 속일 수 있어도 자기 자신은 안다. 나 스스로를 자랑스러워할 수 없는 빈핍한 내면의 소유자임을……. 인생의 성패는 사회가 인정하는 외적 기준과 판단이 아니라 화해와 상생, 즉 도덕성에 의해 가늠되어야 한다.

도덕성은 다양한 욕망 중 더 좋은 것,
그리고 가장 좋은 것을 선택할 줄 아는 지혜다.

그런데 당장 입에 풀칠하기 바쁜 서민에게 윤리와 도덕을 운운하는 것은 사치가 아닐까? 왜 아리스토텔레스는 도덕성이 일상의 행복과 직결되어 있다고 생각했을까? 그는 말했다.

> "한 마리의 제비가 왔다고 봄이 온 게 아니듯, 단 하루의 덕행으로 일생이 복되고 행복해질 수는 없다." [유원기·이창우(2016), 『아리스토텔레스』, 21세기북스, 42쪽]

삶은 행위로 구성된다. 태어나서 죽을 때까지의 행위를 모아놓으면 삶이 된다. 이런 측면에서 아리스토텔레스는 행복이란 매일 매순간 최고선을 택하는 행동이라는 견해를 제시한다. 행복과 행운, 불행과 불운은 동일하지 않다. 행복은 덕을 추구하는 이성적 활동을 통해 힘써 쟁취하고 유지하는 것이다. 언제든 단번에 날아갈지도 모르는 행운은, 행복이 아니다.

가장 탁월한 선을 행함으로써 누구에게도 빼앗기지 않는 행복을 희구한 인물로 우리는 백범 김구 선생에게서 배울 수 있다.

1897년 김구 선생은 일본 육군 중위 쓰치다를 살해한 죄목으로 사형 언도를 받아 수감된다. 그의 감방 동료 대다수는 절도, 강도, 사기, 살인죄 등을 저질렀고, 열에 아홉은 문맹이었다.

김구 선생은 무료하게 지내는 죄수들에게 사서삼경의 하나인 『대학』

을 가르쳤다. 그런데 죄수들 가운데 중국에 여자들을 팔아넘겨 10년 형을 받은 조덕근이라는 사람이 있었다. 어느 날 조 씨는 김구 선생을 따라 '인생팔세개입소학人生八歲皆入小學'이라는 『대학』의 한 구절을 암송했다. 그런데 조덕근이 도중에 글자를 까먹고 '개 아가리 소학'이라고 얼버무리는 바람에 그와 함께 있던 죄수들이 박장대소한다. 이 일화는 점차 세간에 퍼져 당시 막 창간된 『황성신문』에 기사화되었는데, 그 내용은 다음과 같다.

> "김창수(김구 선생의 본명)가 투옥된 이후 인천 교도소는 감옥이 아니라 학교가 되었다."

고종 황제는 이 기사를 읽고 김구 선생을 즉시 석방하라는 특별사면령을 내린다.

백범 김구는 "참된 행복은 공적·객관적으로 가치 있는 삶을 지속적으로 선택하는 활동과 판단에서 비롯된다"라고 말한 아리스토텔레스의 철학을 현실 속에 생동감 있게 풀어낸 인물이다.

그는 사형수의 신분임에도 불구하고 암울한 시대를 원망하거나 자신의 처지를 비관하며 하릴없이 시간을 허비하지 않았다. 모든 걸 잃은 것과 마찬가지인 엄청난 상실을 경험하면서도 아직 자신에게 남아 있는 것, '최고의 선'에 집중했다. 그리고 그것을 기꺼이 죄수들과 나누며 그들에게 새로운 변화의 가능성을 심는 일에 삶을 투자했다. 아무런 소망이 없고 누구도 찾아오지 않는 버려진 이들의 친구가 된 것이다.

감옥 밖에서나 감옥 안에서나 그는 자유로웠다.

그는 사회가 낙인찍은 죄인이 아닌 김구 자신이었다. 그는 자기가 되어야 한다고 믿는 인간다운 인간이기를 잠시도 포기한 적이 없었다. 모든 생의 희망을 무참히 저버리는 불리한 환경과 운명도 그를 불행에 빠뜨리지 못했다. 그는 언제 어디서나 옳은 일을 행하는 실천적 지성인이었다.

이처럼 행복은 내가 존재하는 지금 여기서, 최고선을 행동으로 옮김으로써 얻는 산물이다. 우리는 왜 좌절하는가? 개개인이 자신만을 위한 외적·일시적 행복의 추구에 몰입하기 때문이다. 내 행복, 내 가정, 내 공동체와 내 회사, 내 나라에만 매달리는 까닭에 한계 상황에 부딪치고 공허감에 사로잡힌다.

참된 행복은 공적·객관적으로 가치 있는 삶을 지속적으로 선택하는 활동과 판단에서 비롯된다. 이 정의로운 행동의 습관화, 즉 도덕적 행동을 몸에 익히는 과정을 아리스토텔레스는 다음과 같이 정의한다.

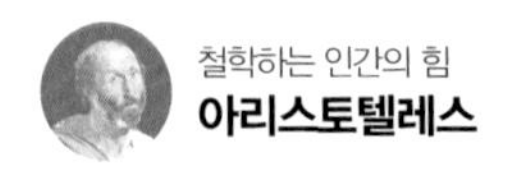

"어렸을 때부터 마땅히 기뻐할 것을 기뻐하고
괴로워해야 할 것을 고통스러워하도록
길러지는 것이다."

다른 사람이 기뻐할 때 함께 기뻐하고, 슬퍼할 때 함께 슬퍼할 줄 아는 것이 가장 인간다운 행위이며, 꾸준히 행복을 유지하는 방법이다.

아리스토텔레스의 관점에서 보았을 때 우리는 행복한가? 그렇지 않은 것 같다. 〈언틸 더 데이Until the day〉라는 창작 뮤지컬이 있다. 북한의 참혹한 실상을 고발하고 인간성의 의미를 묻는 교훈적인 작품이다. 〈언틸 더 데이〉 뮤지컬에는 북한 주민이 탈출을 시도하다 체포될 경우 얼마나 극심한 고문을 당하는지를 그린 장면이 있다.

공산당원이 만삭 여인의 배 위에서 널뛰기를 하는 차마 눈뜨고 보지 못할 상황이 재연되는데, 몇몇 중·고등학생이 그 대목에서 웃기 시작했다. 누군가의 고통을 지켜보며 눈물을 흘리기는커녕 재미있어하던 아이들은 타인의 고통에 무감각해진 우리 시대의 슬픈 자화상이다.

간혹 학생들에게 필리핀의 쓰레기 마을에서 사는 가난한 사람들이나 굶어 죽어가는 아프리카 아이들의 얘기가 담긴 책을 선물한다. 그러면 적지 않은 부모들에게서 전화가 온다. 아이가 어린 나이에 이런 책을 읽고 삶의 부정적 측면을 접하기를 바라지 않는다는 내용이다. 긍정적이고 좋은 것만 보기에도 시간이 모자란다는 것이다. 과연 무작정 밝고 낙천적인 자세가 아이의 미래 행복을 보장해줄까?

관조하는 삶에
인생의 답이 있다

아리스토텔레스는 『니코마코스 윤리학』 제10권에서 진정으로 행복한 삶이란 구체적으로 어떤지에 관해 이렇게 기술한다.

> "행복이 덕(탁월성)에 이르는 영혼의 활동이라면 우리는 당연히 최상의 덕을 추구해야 한다. 덕은 우리 내면에 존재하는 가장 완전한 부분에서 발휘된다. 지성이든 아니든, 자체적으로 신적이든 인간의 특성들 중에 상대적으로 신적이든, 이 영역은 본성상 우리를 지배하고 이끌며, 고귀하고 신적인 대상(우주의 보편적 원리와 진리)을 인식하는 능력을 보유하고 있다. 그 인지적 활동이 자신의 고유한 덕과 일치할 때, 그것이야말로 완전한 행복일 것이다. 이 활동이 관조적이라는 사실은 이미 밝힌 바 있다." [김남두 외(2004), 『아리스토텔레스 니코마코스 윤리학』, 서울대학교철학사상연구소, 78쪽]

우리 주위를 둘러보면 가진 것 하나 없이도 행복해 보이는 사람이 있고, 반면에 모든 걸 다 가졌는데도 불행해 보이는 사람이 있다. 두 사람의 차이가 뭘까?

그것은 다름 아닌 인생을 바라보는 시선이다. 진리를 기준으로 인생에 대한 관점을 바르게 조율하고, 덕에 이르려면 자신의 삶을 끊임없이 성찰해야 하는데, 이 활동이 관조(데오리아 δεορια, theoria)다. 즉, 관조는 지혜를 통해 인간이 지닌 최고의 탁월성을 발휘하게 만드는 지적인 행위이다. 지혜는 유한한 인간으로 하여금 끊임없이 자신을 넘어서게 한다. 그리고 자가 치유도 가능하게 만든다.

사유하는 삶이 왜 중요한가

관조는 쉬운 말로 사유 또는 사색이라고 표현할 수도 있다. 여기서의 사유는 세상과 동떨어져 홀로 생각에 잠기는 소극적 의미가 아니다. 사유는 내가 당면한 사건이 전체적 관점에서 어떤 의미가 있는지, 그리고 최선의 해결책은 무엇인지를 알기 위해 숙고하는 행위다. 이러한 사유는 통찰Insight의 힘을 길러준다. '현상'은 복잡해도 '본질'은 단순하다.

통찰은 시행착오를 거치지 않고도 까다로운 상황이나 문제를 이해하는 지적 역량이다. 우리는 통찰력을 바탕으로 자신의 삶을 더 정확하고 깊이 있게 해석한다. **사유하는 인간 즉 인생을 숙고하고 통찰하는 사람은 불행마저도 탁월한 삶을 살 수 있는 유의미한 사건으로 변화시키거나 긍정적으로 수용함으로써 행복의 지평을 확장해간**

다. 사유하는 인간은 고통을 더는 어찌해볼 수 없는 불행으로 여기기를 거부한다. 행운이나 불운에 일희일비하지 않는다.

우리는 관조, 다른 말로 사유와 통찰을 통해 실제 상황에서 우리가 취해 마땅한 행동으로 이끄는 바른 결론을 미리 알게 된다. 그렇지 않으면 무엇을 하는지도 모른 채 남이 시키는 대로 하거나, 결과를 예측하지 못하고 앞만 보고 달려가는 인생을 살게 된다.

프로네시스, 어떻게 최선의 삶을 살 수 있는가.

실천적 지혜(프로네시스φρονησις, phronesis)란 다양한 삶의 전제들, 즉 한 개인에게 날 때부터 주어진 기질과 특징 및 경제·사회·정치 환경을 포함한 현실 속에서 어떻게 최선의 삶을 살 수 있는지를 재빨리 추론하는 능력을 가리키는 그리스어다. 이 지혜는 평소 우리가 지향하는 올바른 가치를 특정한 상황에 맞게 즉각 실제 행동으로 변환시키도록 해준다.

내가 누구인지는 구체적 상황에서 내리는 결정을 보면 알 수 있다. 문제는 말이 아니고 행동이다. 약삭빠른 사람들은 결정적 순간이 오면 가차 없이 눈에 보이는 이득을 택한다. 실천적 지혜가 없기 때문에 정신없이 부와 명예를 좇다가 결국 돈도 사람도 모두 잃고 후회하는 것이다.

실천적 지혜와 관련하여 손봉호 교수가 『약자 중심의 윤리』에서 다루는 중요한 소재가 있다. 바로 '의리'다. 진정한 의리는 정당하고 정의로운 목적을 위한 것이다. 위계질서에 맹목적으로 복종하여 결과를 따지지 않고 그릇된 일을 행하는 것은 '의리'가 아니다. 불의와 부패는 어떤 형태로든 약자에게 피해를 입히기 때문이다.

그런데도 인간적 의리라는 명목을 내세워 내부 비리를 폭로하지 않고 비윤리적인 상사나 동료를 보호하려는 경우가 우리 주변에 의외로 많다. 그것은 '조폭의 의리'에 불과하다. 내 식구라고 해서 무조건 감싸는 것은 사실상 다른 많은 사람의 믿음을 배신하는 행위다. 아리스토텔레스도 이 부분에 관해 명확하게 말한 바 있다.

> "…… 둘 모두 소중하지만, 경건함은 우리의 친구보다는 진리를 존중할 것을 요구하기 때문이다." [유원기 이창우(2016), 『아리스토텔레스』, 21세기북스]

지혜로운 사람은 순간의 감정이나 상황에 동요하지 않고, 자신의 인생을 위해 무엇이 최선인가를 차분히 관조할 줄 안다. 아리스토텔레스는 자신이 아픔을 통해 몸소 배운 최고선을 택하는 방법, 행복한 인간으로 사는 지혜를 사람들에게 전하고자 했다.

잘 사는 법은 아무리 많은 시간과 돈을 들여 명문 대학에 입학한다 해도 배우지 못한다. 그래서 우리는 채 1초도 안 되어 수천만 건의 검색 내용을 나열하는 구글과 같은 지식의 홍수 속에서도, 이렇듯 지혜를 갈망한다.

지금으로부터 무려 2400년 전쯤, 아리스토텔레스는 이미 인생의 해답을 알고 있었다. 관조하는 삶, 즉 지혜를 추구하는 철학하는 삶에 그 답이 있다.

상실의 광야에 선 사람들에게

가끔은 인간성 상실이야말로 첨단과학으로 무장한 우리 시대의 심각한 질병이라는 생각이 든다. 뉴스를 읽고 접하다 보면 '어떻게 인간의 탈을 쓰고 저렇게 행동할까' 하고 놀라게 되는 경우가 비일비재하다.

제2차 세계대전 당시 히틀러를 중심으로 활동했던 독일의 나치 세력을 떠올려보라. 그들은 유전적으로 뛰어난 인간을 만들려는 계획하에 지적 장애인과 신체장애인, 집시와 유대인 등 사회의 약자들을 제거했다.

나치만큼은 아니지만 타인을 나와 동등한 존재로서 존중하지 않는 악은 우리 내면에도 존재한다. 인간은 나름의 목적을 위해 다른 사람을 육체적·정신적·사회적 죽음으로 내몰고도 얼마든지 자신을 정당화할 수 있다.

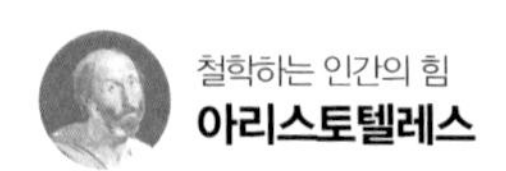

오늘의 삶이 아무리 고되어도
인간은 내일의 희망과 행복을 노래하는 존재다.
그리고 그 노래는 자신의 삶은 물론,
자신이 속한 세상에 영원히 바래지 않는 의미를 부여한다.

인간다움을 잃은 사람들이 엮어내는 끔찍한 역사에도 불구하고 인간은 위대하다. 역사의 또 다른 한편에 완전과 불멸, 사랑과 초월을 꿈꾸는 사람들이 있기 때문이다. 인간은 반복되는 실패와 절망 속에서도 참된 삶이 무엇인지를 번민하는 존재다. 다른 이의 삶을 변화시키고 그들이 다시금 생을 갈망하게 만든다.

프랑스 계몽운동의 선두주자이며 교육학자였던 루소와 20세기 최고의 지성인으로 꼽히는 버트런드 러셀이 그 대표적 예다. 자기 자식 하나 제대로 기르지 못한 루소는 교육학의 바이블 『에밀』을, 네 번이나 이혼한 러셀은 『행복의 정복』을 집필했다. 언뜻 보면 모순적이다. 그런데 중요한 것은 이들의 가르침이 당대의 청중을 놀라운 변화로 이끌었다는 것이다.

이들은 인생의 황막한 '광야'를 우리보다 먼저 통과했다. 불안과 두려움과 낙심이라는 짐승이 우글거리는 거친 광야에서 우리처럼 길을 찾아 헤맸다. 그리고 그 과정에서 배운 깊은 지혜와 통찰을 통해 다른 이들도 행복한 인생을 가꾸어나가도록 도왔다.

"인간의 존재 가치는 어디에 있는가?"

아리스토텔레스는 인간은 본질상 정치적이어서 필요한 모든 걸 다 갖춰도 공동체(폴리스)에 속하지 않고서는 행복하지 않다고 했다. 인간의 존재 가치는 갖가지 모순과 위기, 결핍과 갈등의 의미를 새롭게 해석하고, 그것을 뛰어넘어 최고선, 덕과 공평과 정의를 삶의 현장에서 실천하는 데 있다. 인간으로서 우애를 지니고 타인의 삶을 풍요롭게 하기 위해 노력하는 존재가 참된 인간인 것이다.

미국의 언론인이자 사회비평가인 얼 쇼리스Earl Shorris는 아리스토텔레스가 이야기한 '공동체적 인간'의 희망을 입증하는 실례다. 『희망의 인문학』은 그가 빈익빈 부익부의 악순환을 끊기 위해 클레멘트 코스라는 이름으로 가난한 사람들에게 인문학을 가르친 이야기를 담고 있다.

어느 날 얼 쇼리스는 살인 사건에 연루되어 8년째 복역 중인 비니스 워커라는 여성 재소자와 뉴욕의 한 교도소에서 대화하게 되었다. "사람들이 왜 가난하다고 생각하느냐?"라는 그의 질문에 이 이십 대 초반의 죄수는 "보통 사람들이 누리는 정신적 삶이 없기 때문"이라고 답했다. 뉴욕의 빈민들은 먹을 것과 잠자리 그 이상을 원했다. 그들은 인간으로서의 자존감, 그리고 삶을 변화시키려는 의지를 회복해야만 했다.

워커와의 만남을 계기로 얼 쇼리스는 노숙자, 마약중독자, 죄수 등을 대상으로 정규 대학 수준의 인문학을 가르치는 '클레멘트 코스'를 연다. 그의 목표는 단 한 가지, 인문학을 통해 소외된 이들에게 그전과는 다른 삶에 대한 열망을 불어넣는 것이었다.

1995년에 시작된 첫 클레멘트 코스는 치과의사, 패션 디자이너 등을 배출했고, 전체 수강생 중 절반 이상이 사회에 안정적으로 정착하는 놀라운 성과를 낳았다. 그 후 이 모험적인 인문학 프로그램은 전 세계로 번져나가 희망의 메신저 역할을 해내고 있다.

필자들 중 한 사람도 경기도 안산에서 2년간 클레멘트 코스를 운영한 경험이 있다. 열두 명의 중고생에게 일주일에 한 번 철학과 그리스어를 가르쳤는데, 한 부모 또는 할머니와 함께 사는 아이, 버스비가 없어서 30~40분씩 자전거를 타고 오는 아이도 있었다.

아이들이 현자들의 사상을 배우며 인간에 대한 연민과 동정을 품고 서로 존중하고 사랑하는 어른으로 자라기를 바라는 마음으로 시작한 일이다. 시간이 지나면서 수업시간에 아이들이 배운 철학이 그들의 일상의 삶에서도 배어나왔다. 어떤 아이는 밥을 굶는 후배를 위해 먹을 걸 가져오고, 거의 전교 꼴등이던 아이가 플라톤의 『국가』를 옆구리에 끼고 다니며 읽기도 했다. 아이들의 마음속에 꿈이 싹트는 소리가 들렸다.

아리스토텔레스의 삶은 가도 가도 끝이 없는, 서 있는 곳이 어딘지도 알 수 없는 광야, 오아시스를 찾아 애타게 헤매는 목마른 사막과도 같았다. 그러나 그는 상실을 뛰어넘었고, 인간답게 사는 행복을 가르치는 인류의 진정한 스승이 되었다. 기꺼이 손을 내밀어 방황하는 타인의 손을 잡아주는 것, 이것이 바로 좋은 삶이자 행복이다. 아리스토텔레스가 바라본 인간은 결코 혼자가 아닌 것이다.

16세기 영국의 시인 존 던John Donne도 「누구를 위하여 종은 울리나」라는 시에서 이렇게 노래했다.

세상의 어느 누구도 외딴 섬이 아니다
모든 인간은 대륙의 한 조각이며 일부분일 뿐
만일 흙덩이가 바닷물에 씻겨 나가면 유럽은 그만큼 작아지고……

어느 누구의 죽음도 나를 감소시키나니
나는 인류 속에 포함된 존재이기 때문이다
누구를 위해 종이 울리는지 사람을 보내 묻지 말라
종은 그대를 위하여 울리므로

장 자크 루소

흙수저와 금수저로 나뉘는
인간불평등 문제에 답하다

- 1712년 스위스 제네바에서 시계공 아이작 루소의 아들로 출생. 태어난 지 9일 만에 어머니 사망.
- 1729년 드 바랑 부인의 후원을 받음.
- 1742년 진보적 철학자 디드로와 교제.
- 1745년 테레즈 르바쇠르와 만남. 이후 그녀와의 사이에서 낳은 다섯 명의 아이들을 차례로 고아원에 위탁.
- 1749년 철학자 겸 수학자 달랑베르의 요청으로 『백과사전』의 음악 부분을 담당.
- 1750년 『학문 및 예술에 관한 논고』 출간.
- 1755년 『인간 불평등 기원론』 발표.
- 1761년 『신 엘로이즈』 출간.
- 1762년 4월 『사회계약론』, 5월 『에밀』 발표. 두 권 모두 출판 금지를 당함.
- 1776년 『루소, 장 자크를 심판하다 – 대화』 완성.
- 1778년 7월 2일 정신착락(발작)을 일으키며 타계.
- 1780년 『대화』 첫 권 출간.
- 1782년 『고백』 1~6권. 『고독한 산책자의 몽상』 출간.
- 1789년 『고백』 7~12권 출간.

영국의 명예혁명,
절대왕권의 붕괴와 의회주의의 태동,
격동의 18세기,
근대 자유민권 사상의 거두,
장 자크 루소의 등장

인간은 자유롭게 태어났다
하지만 지금은 어디서나 사슬로 묶여 있다
자기가 남의 주인이라고 생각하는 자도
그보다 더한 쇠사슬에 묶인 노예다

자유 그리고 평등
자유는 평등과 함께한다
평등 없는 자유 없고, 자유 없는 평등 없다

세기를 뒤흔든
프랑스 혁명의 씨앗이
루소에 의해 잉태되다

사회적 인간은 이기심 탓에
타인의 시선에 얽매이고
탐욕을 채우려 경쟁하다가
자유와 평등을 상실했다

사회가 낳은 부와 특권의 집중은
태생적으로 선한 인간을 타락시킨다

자연으로 돌아가자

권력은 시민들의
자발적 계약에 기초하는 것
동의에 기초한 권위만이
정당하고 합법적이다

루소,
정치와 교육을
인간이 인간답게 살아가는
미래로 나아가는
디딤돌로 삼다

21세기의 대한민국,
불의한 권력과 불평등이
우리를 좌절시킬 때
과연 무엇을 할 것인가?

루소는 말했다

자유인은 어떻게 살 것인가를
끊임없이 질문한다

현실에서 맞닥뜨리는
절망의 풍파가 아무리 거세도
포기는 없다

세대에 세대를 이어
우리는 꿈꾼다
국민이 주인이 되는 나라
자유와 평등의 나라는
반드시 온다

루소,
그는 누구인가?

장 자크 루소는 1712년 스위스 제네바에서 태어났다. 어머니가 루소를 출산한 후 9일 만에 죽고, 아버지 슬하에서 자라다가 열 살 때 외삼촌에게 맡겨진다. 16세가 되던 해 제네바를 떠난 후 그는 재판소 서기 보조, 귀족의 시종, 조각가 견습공 등의 직업을 거친다.

루소는 부유하고 매력적인 드 바랑 부인을 만나면서 생의 전환점을 맞이한다. 바랑 부인은 경제적으로 그를 지원했을 뿐만 아니라, 사교계·학계와의 교류를 주선했다. 덕분에 그는 베네치아 주재 프랑스 대사의 비서로 정계 경력을 쌓기도 한다.

1745년경, 루소는 자신이 묵던 여관의 세탁부 테레즈 르바쇠르를 만나 사랑에 빠졌다. 그와 테레즈 사이에서 난 다섯 명의 아이는 모두 고아원에 맡겨진다. 그 시대에는 공립 고아원에 아이를 맡기는 것이 비교적 흔한 일이었다.

그러나 다른 사람도 아닌 교육학의 고전 『에밀』을 쓴 루소가 저지

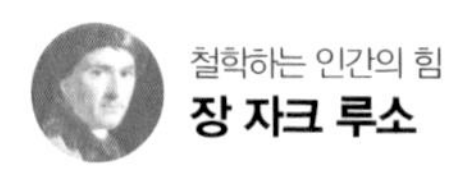

른 과오는 엄청난 스캔들이 되었고 그는 일생 동안 모진 비난에 시달렸다. 루소가 인생의 말년에 저술한 『고백』, 『고독한 산책자의 몽상』에는 그 자신의 모순된 삶에 대한 죄책감이 여실히 드러나 있다.

"인간은 본래 선하게 태어나지만 문명의 진보가 그 본성을 타락시키고 인위적 불평등을 조장한다."

1755년, 루소는 『인간불평등 기원론』을 발표했다. 그는 이 논문에서 인간 불평등의 기원이 어디에 있는지 탐색하고 그 불평등이 자연법에 의해 정당화될 수 있는지 되물었다. 그는 인간은 본래 선하게 태어나지만 문명의 진보가 그 본성을 타락시키고 인위적 불평등을 조장한다고 지적했다.

루소가 자신의 대표작 『사회계약론』을 출간한 것은 1762년의 일이다. 그의 사상을 단적으로 대변하는 "자연으로 돌아가자"라는 표현에서 나타나듯 그는 시민사회 또는 국가가 사회계약을 통해 인간의 본질적 자유를 회복시킬 방안은 무엇인지 궁구했다.

그로부터 한 달 후에는 『에밀』이 발표된다. 당대의 신관을 부정하는 서술로 이루어진 『에밀』은 『사회계약론』에 이어 엄청난 파장을 불러일으킨다. 결국 『에밀』은 파리 의회와 고등법원의 금서 처분을 받았고, 루소는 체포 명령을 피해 긴 도피생활을 시작한다.

루소는 근대 문명의 한계를 극복하기 위해 가장 필요한 것이 교육과 정치라고 믿었고, 『에밀』과 『사회계약론』은 인간의 공동선, 즉 사회 구성원 전체의 이익을 바탕으로 자유를 실현하려는 의도에서 쓰인 책들이다. 그는 프랑스의 전제주의와 절대왕정의 부패를 맹렬히 비판하면서 자유민권사상을 표방했고, 그의 이러한 사상은 프랑스 혁명(1789)에 정신적 기초가 되었다.

말년에 프랑스로 돌아와 집필 활동에 힘쓰던 루소는 1778년 7월 2일 아침, 발작을 일으키며 죽음을 맞는다.

루소는 후세의 철학자와 문학가에게 상당한 영향을 끼쳤다. 칸트의 『순수이성 비판』이나 『실천이성 비판』은 『에밀』을 재구성한 것이며, 『판단력 비판』도 알프스의 신비한 아름다움에 대한 루소의 묘사 없이는 탄생할 수 없었다. 러시아의 대문호 톨스토이는 루소의 『에밀』과 『고백』에서 큰 사상적 도전과 감명을 받아 그의 메달을 목에 걸고 다녔다고 한다. 이 시대 최고의 철학자로 추앙받는 자크 데리다 또한 루소의 『언어 기원에 관한 시론』(1781)을 분석하면서 자신의 해체론을 선보였다.

루소는 누구를 향해 외친 것인가

서양사에 한 획을 그었던 대제국 로마가 사라진 후 유럽은 거대한 권력투쟁의 장으로 변했다. 중세 봉건사회가 붕괴되고, 국왕 중심의 중앙집권화가 진전되면서 근대 시민사회로 가는 과도기인 절대주의 체제가 성립된다.

당시 유럽의 각 나라는 대내외적으로 이중의 혼란을 겪고 있었다. 내부적으로는 자본주의의 발달을 등에 업은 부르주아 계급이 권력의 핵으로 떠오르면서 그들의 횡포가 극에 달했고, 그 결과 부르주아와 서민 계층 간의 갈등이 심화되었다. 외적으로는 대륙의 지배권을 쥐려는 국가 간의 경쟁이 끝없이 이어지고 있었다.

왕-백성, 주인-노예, 귀족-평민의 대립적 사회구조를 배경으로 한 프랑스 대혁명 이전의 시기, 힘없는 약자는 어떤 부당한 행위에도 항거할 수 없는 '비인간적인 시대'였다. 이런 시대를 살아가야 했기에 루소의 저작에는 전제정치의 토대가 된 서양 사상과 프랑스 문명에 대한 날카로운 비판과 더불어 현실 사회가 안고 있는 불평등에 대한 그의 심각한 고민이 담겼다. 비인간적인 시대를 타파하려면 먼저 질문해야 했다.

"과연 인간이 되기 위한 조건은 무엇인가?"

인간과 동물을 구분할 때 흔히 인간이 동물보다 지혜롭다는 점을 근거로 삼는다. 프랑스의 심리학자이자 수학자 겸 과학자였던 블레즈 파스칼(1623~1662)은 "인간은 생각하는 갈대"라고 했다. 대자연 속의 인간은 한 줄기 바람에 흔들리는 갈대처럼 나약하지만 생각할 수 있기 때문에 위대하다는 의미다.

파스칼은 대표작 『팡세』에서 말했다. "인간을 죽이기 위해 전 우주가 무장할 필요는 없다. 물방울 하나로도 충분하다. 하지만 인간은 자연보다 위대하다. 자연이 모르는 것을 알기 때문이다."

하지만 루소는 지혜가 아니라 '자유의지'를 기준으로 인간을 동물과 구분했다. 자유의지는 선택할 수 있는 힘으로서 인간이 인간 되게 하는 고귀한 속성이다. 그렇다면 인간은 어째서 자유의지를 잃어버린 채 타인의 의지나 사회의 영향에 휘둘리게 되는 것일까?

루소에 의하면 원시인은 세 가지 본성을 지닌다. 첫째 '자기보존의 욕구', 둘째 '동정심', 셋째 '자아계발 능력'이다. 그중 자기보존의 욕구, 다른 말로 '자기애'는 동물이 갖는 원초적 감정으로 인간의 이성 및 동정심과 결합하여 타인을 나와 동등한 인격체로 여기는 덕과 평등정신의 밑바탕이 된다. 이 인간의 자연적 자기보존 욕구가 왜곡된 것이 바로 '이기심'이다. 이기심은 사회적이고 인위적인 감정으로, 루소는 모든 악이 여기서 파생된다고 믿었다. 이기심은 인간이 타인의 눈을 의식하고 남의 인정과 의견에 얽매이며 끊임없이 서로 비교하고 시기하게 만든다. 이기적인 인간은 자유의지를 상실해 타자에 종속될 수밖에 없다.

루소는 이기적인 인간의 병리현상에 관해 이렇게 말했다.

"인간은 다양한 철학을 낳으며 훌륭한 인간성과 세련된 매너를 발전시켰고, 거기서 숭고한 교훈들을 배웠다. 스스로 모든 것을 알고 있으므로 그에 따라 행동하면 된다. 하지만 언제나 우리는 다른 사람에게 내가 누구인지, 어떻게 살아야 하는지 묻는다. 이 때문에 우리는 거짓되고 피상적인 껍데기만을, 덕이 없는 명예만을, 지혜가 없는 이성만을, 행복감이 없는 쾌락만을 갖는다." [김의기(2014), 『나는 루소를 믿는다』, 다른세상, 62~63쪽]

루소가 말하는 자유인은 '나는 누구인가' 그리고 '어떻게 살 것인가'에 대해 스스로 질문하고 답한다. 자유의지를 따르는 사람은 남의 시선에 필요 이상으로 흔들리지 않으며, 인생의 문제를 끊임없이 사색하고 성찰한다. 소크라테스도 "캐묻고 반성하지 않는 삶은 무가치하다"라고 하지 않았던가! 미완성 유작『고독한 산책자의 몽상』에서 루소는 고독 속에서 자신을 발견한 자유인에 관해 이렇게 서술했다.

"행복하기를 원할 줄 아는 사람은 결코 다른 사람 때문에 불행해지지 않는다." [장 자크 루소, 조명애 역(2014),『고독한 산책자의 몽상』, 은행나무, 26쪽]

루소는 이러한 자유의지와 더불어 평등을 양대 축으로 삼아 자신의 사상적 근간을 구축했다. 그는 모든 사회적·인간적 문제가 불평등에서 비롯된다고 믿었다. 그래서 혼란과 좌절에 빠진 유럽의 시민, 귀족, 정치인에게 인류의 회복을 위한 대안이자 희망으로서의 평등을 이야기하고자 했다.

"권력은 폭력으로 변하기 전에 멈춰야 하며, 합법적이고 정당한 경우가 아니라면 절대 행사되어서는 안 된다. 경제적 문제에 있어서 어느 누구도 다른 사람을 돈으로 살 만큼 부자가 되어서는 안 되며, 자기를 팔 만큼 가난해서도 안 된다. 이는 좋은 위치에 있는 사람일수록 물질적인 면에서나 다른 측면에서 영향력을 행사할 때 자제를 해야 하며, 평범한 사람들도 자제심을 발휘하여 욕심과 시기심을 갖지 말아야 한다

는 뜻이다. 그와 같은 평등은 이론일 뿐 현실적으로는 존재하지 않는다고 말할지도 모른다. 그러나 비참한 현실을 피할 수 없다 해도 이를 통제하려는 노력은 해봐야 하지 않겠는가? 상황의 힘이 언제나 평등을 깨뜨리려 한다면, 법의 힘은 언제나 그것을 지키려 해야 한다." [김의기(2014), 『나는 루소를 믿는다』, 다른세상, 62~64쪽]

루소가 살았던 18세기의 유럽. 한때 '힘이 곧 정의'라는 믿음을 낳은 절대 권력이 차츰 약화되면서 백성들이 의지한 복종의 근거는 사라지고, 개개인의 본능과 충동 그리고 불안만이 남는다. 시대의 억압과 불평등의 폐해를 온몸으로 느꼈던 그들에게 루소는 정치와 공동선을 향한 일반의지 그리고 교육이야말로 인간다움이 회복된 새로운 미래를 여는 문임을 외쳤다. 루소는 시민이 국가의 주인이 되는 자유민주주의의 꿈을 태동시킨 장본인이다.

"상황의 힘이 언제나 평등을 깨뜨리려 한다면,
법의 힘은 언제나 그것을 지키려 해야 한다."

모두가 함께 만들어가는 현실
『사회계약론』

루소의 저작 가운데 가장 큰 영향을 끼친 책은 단연코 『사회계약론』이라 할 수 있다. 그의 사회계약론을 이해하려면 루소의 사상을 대변하는 문구로 회자되어온 "자연으로 돌아가자"라는 말의 진의를 정확히 파악해야 한다. 이 말은 '미개인'이나 '원시인', 즉 불도 사용하지 않던 동물적 상태로 우리 모두 되돌아가야 한다는 억지스러운 주장이 아니다. 루소는 『인간 불평등 기원론』에서 자연 상태를 이렇게 표현했다.

> "원시인은 일도, 언어도, 거처도 없고, 싸움이나 교제도 없으며, 타인을 해칠 욕구도 없다. 타인을 필요로 하지도 않고, 어쩌면 인간을 단 한 번도 만난 적 없이 그저 숲속을 돌아다녔을 것이다. 원시인은 정념에 거의 지배받지 않고, 스스로 자족하면서 자기 상태에 맞는 감정과 지적 능력만을 갖고 있었다." [장 자크 루소(2013), 『인간불평등 기원론』, 책세상, 89쪽]

국가가 형성되기 이전 원시 상태의 인간은 혼자 살았다. 자연 상태의 인간은 누구의 권위에도 종속되지 않고 본질적으로 '자유롭고 평등한' 존재다. 하지만 연약한 인간은 자기 힘만으로 어려움을 극복할 수 없으므로 살아온 방식을 어쩔 수 없이 바꿔야 했다. 개인의 능력을 한데 모아 여럿이 함께 인생의 장애물을 극복해야 했던 것이다. 그러므로 인간은 개별 구성원의 재산과 신체를 보호하고 유지하는 공동의 결합체를 필요로 하는데 그것이 바로 국가다. 개인은 이러한 형태의 결합을 통해 전체의 일부이면서도 자유로운 상태로 남는다.

> "자연 상태의 인간은 누구의 권위에도 종속되지 않는, 본질적으로 '자유롭고 평등한' 존재다."

사회계약은 이 대목에서 등장한다. 개인은 사회계약을 맺고 전체의 이익을 우선하는 일반의지에 따라 자신의 모든 힘과 존재를 전체의 공유물로 양도한다. 모든 구성원은 주어진 조건상 평등하다. 각자는 특정 개인이 아닌 구성원 전체에 자신을 맡긴 것이다. 루소는 이 전체 집단을 국가 또는 주권자로 명명했다.

사회계약론에 의하면 국가가 개인에게 명령하는 권리, 통치권 또는 지배권은 협정 내지는 계약에 의해서만 발생한다. 따라서 오직 그 권위에 복종하려는 자의 동의에 기초한 권위만 정당하고 합법적이다. 동의를 얻지 못한 모든 권위는 악행이나 강제에 지나지 않는다.

> "어떠한 인간도 자기 같은 인간들에 대해 자연적 권위를 갖지 못하기 때문에, 그리고 힘은 어떠한 권리도 만들어내지 못하기 때문에 오로지 계약만이 인간들 사이에 존재하는 합법적 권위의 토대로 남게 된다." [장 자크 루소, 이재형 역(2013), 『사회계약론』, 문예출판사, 18쪽]

전 구성원이 조건에 있어 평등하다는 사회계약론의 '자연적 평등'은 모두에게 똑같은 재능과 힘이 있다는 뜻이 아니다. 권력과 부를 똑같이 소유해야 한다는 의미도 아니다. 모든 사람은 삶을 영위하는데 필요한 이성을 자연으로부터 동등하게 부여받았다. 루소가 주장한 '천부인권 사상'은 누구나 타고난 자유와 이성에 기초하여 보편적 행복을 추구할 권리가 있다는 믿음이다.

그러므로 지적·신체적·정신적으로 남보다 우월한 사람이라도 타인을 자신의 권위에 복종시킬 권리는 없다. 또 권력이나 부를 가져도 어떤 이유로든 폭력으로 타인을 강제하면 안 된다. 인간 본래의 자연적 평등을 사회가 보호하고 유지하려면 강자는 자신의 권력과 재능과 부의 축적을 절제하고, 약자는 탐욕과 시기심을 제어해야 한다.

> "모든 사람은 자유롭게 태어나 스스로의 주인이 되므로, 어떤 구실로든 그 누구도 본인의 동의 없이는 그를 예속시킬 수 없다. 노예의 아들이

노예로 태어나도록 결정짓는 것은 곧 그가 인간으로 태어나지 않도록 결정하는 것과 같다." [장 자크 루소, 이재형 역(2013), 『사회계약론』, 문예출판사, 141쪽]

우리가 염원하는 이상적 민주사회는 루소가 말한 천부인권에 근거한 사회계약의 산물이다. 사회계약론에 입각한 국가는 개인의 재산과 생명을 보호할 뿐만 아니라 모든 시민이 자유와 평등을 누리도록 집단의 힘을 동원하여 국민을 지키는 역할을 한다.

법이란 모든 사람이 지닌 '고유하고 공통된 일반의지'의 표현이다.

이런 측면에서 루소는 고대 그리스 정치사상의 후계자이자, 칸트와 헤겔로 대표되는 법철학의 선구자로 보아도 무방하다. 그는 국가 차원에서 법의 보편적 지배에 대한 신념과 원칙이 존중되어야 시민의 자유가 보장된다고 갈파했다. 모제즈 휜리는 『고대 그리스인』이라는 책에서 자유에 관해 이렇게 적었다.

"그리스인은 어떤 경우에도 정치 공동체인 폴리스를 떠나 사는 것은 생각할 수 없었다. (중략) 폴리스가 이런 절대적 권위를 갖는다면, 어떤 의미에서 그리스인들이 자유인이란 말인가? 이에 대한 답은 '법이 왕이다'라는 간결한 언표 속에 담겨 있다. 그들에게 자유란 통치 부재의 무질서가 아니고, 모두가 존중하는 법전에 의해 통치되는 공동체 안에서의 정돈된 삶이다. (중략) 만일 국가의 법이 일개 파당이나 소집단에 의해 임의로 변경된다면, 이는 '법이 왕이다'라는 대원칙에 함축된 보장과 안정을 파괴하여 결국 무질서해지지 않겠는가?" [Moses I. Finley, *Les anciens Grecs, La Découverte*, Paris, 1984, pp. 55~56]

이 글이야말로 루소의 『사회계약론』에서 말하는 정치학설의 본질을 꿰뚫는다. 법이란 무엇인가? 그것은 곧 모든 사람이 지닌 '고유하고 공통된 일반의지'의 표현이다.

그렇다면 사회계약이나 법은 왜 필요할까? 자연 상태의 인간은 순수한 자기애를 지니고 있다. 그러나 인간이 사회생활을 하면서 자기애는 상대적 감정, 즉 서로 비교하고 경쟁하게 만드는 이기심으로 변질된다. 나만을 위하는 마음은 필경 인간의 내면에 만족할 줄 모르는 지배욕을 낳는다.

자연 상태에서는 영향이 미미했던 불평등도 사회공동체 차원으로 진입하면 타인과의 관계에 치명적 영향을 끼친다. 한편의 독립은 다른 한편에 억압을 강요한다. 약자는 강자에 억눌리고 가난한 자는 부자의 먹이가 될 위험에 처한다. 개인이 자연적 자유를 보존하려는

시도는 오히려 다수에게 피해를 입히고, 각자 자기주장을 내세우는 자연적 독립도 혼돈의 원천이 된다.

“정치통일체의 본질은 자유와 복종의 일치에 있다.”

사회계약의 목적은 공동의 유익을 구하는 일반의지를 정의의 척도, 즉 이성의 법으로 제정하여 인간의 자연적 평등을 법의 테두리 안에서 재확립하고, 모든 이의 자유를 보장하는 데 있다. 그러므로 사회적 인간은 자연적 독립을 포기하고 자신을 법에 종속시킴으로써 스스로를 폭정에서 보호할 수 있다. 그래서 루소는 “정치통일체의 본질은 자유와 복종의 일치에 있다”라고 말한 것이고, 이 일치를 실현하는 수단이 법 제정이라고 주장했다.

루소는 사회계약을 모든 인간이 지닌 이성에 근거하여 자연적 자유와 평등을 유지하는 최선의 대안으로 확립했다. 사회계약론은 동등한 ‘나’와 ‘너’의 연대성에 근거한 것으로, 서로 다투고 경쟁하는 사회적 인간 사이의 깨진 관계가 회복될 수 있다는 소망의 신호탄이다.

국정농단, 측근정치, 정경유착……. 하루가 멀다 하고 들려오는 뉴스는 우리에게 묻는다. 인간과 사회의 건강한 회복에 대한 루소의 믿음은 오늘날에도 유효한가?

루소는 답한다. 흙수저·금수저의 억압과 불평등이 상존하는 비참한 현실을 피할 수 없다 해도 변화를 위한 노력은 해봐야 하지 않느냐고. 그저 앉아서 권력과 부를 거머쥔 이들이 내 몫을 빼앗았다고 푸념하는 대신 내가 진정으로 바라는 세상을 만들기 위해 행동해야 하지 않느냐고.

우리는 정의와 공평이 살아 숨 쉬는 나라를 만들기 위해 지금 무엇을 하고 있는가? 앞으로 무엇을 할 것인가?

‘나’를 넘어 ‘우리’를 지향하는 일반의지

어느 시대에나 시민의 자유를 억압하고 평등을 저해하는 나쁜 정부나 사회가 존재한다. 따라서 이런 현실하에서 어떻게 해야 하는가에 대한 분명한 가이드가 요구된다. 루소는 우리가 유일하게 기댈 수 있는 희망이 ‘일반의지’라고 역설한다. 그로부터 자유롭고 평등한 사회로 가는 길이 열린다.

일반의지는 루소의 국가론을 구성하는 중심 개념으로, 시민 각자가 이기심을 배제하고 전체의 선을 생각할 때 모을 수 있는 의지를 가리킨다. 루소는 사회계약의 기초 개념을 다음과 같이 설명한다.

> “우리 모두가 자신과 자신이 가진 모든 권력을 공동체에 양도하고 일반의지의 지도를 받는 것이다. 일반의지는 누구에게도 제약받지 않는다. 우리는 하나의 공동체이다. 개개인은 전체로부터 분리될 수 없는 부분이며, 전체와 통합되어 있다.” [김의기(2014), 『나는 루소를 믿는다』, 다른세상, 80쪽]

루소는 사회와 분리될 수 없는 인간이 인간답게 살기 위해서는 자기 자신과 자신의 권력을 공동체에 이양하고 일반의지를 따라야 한다고 조언한다. 일반의지가 국가를 이끄는 정치적 근간을 이룰 때, 정신적 또는 육체적 불평등(재산, 신분, 출생 등)이 제거되고, 시민들이 도덕적·법률적 평등과 더불어 자유를 누리며 살 수 있다.

그렇다면 루소가 말한 일반의지volonté générale는 구체적으로 무엇을 의미하는가? 김의기 교수의 책 『나는 루소를 읽는다』를 참고하여 논해 보자.

우선 '의지volonté'란 마음의 작용이다. 즉 어떤 대상에 대해 행동함으로써 사태를 바꾸고 새로운 상황을 불러오려는 마음의 작용을 말한다. 한 사람의 의지에 따라 특정 사건의 과정이나 결과는 얼마든지 달라질 수 있다.

다음으로 '일반générale'의 의미를 살펴보자. 개개인이 자기 의지대로 행동하고 새로운 사태를 일으키려는 의지는 '개별의지'다. 개인적인 욕구 또는 사정을 뛰어넘어 '모든 사람이 어떻게 서로 도우며 살까'를 염두에 두고 행동하려는 의지는 '일반'의 영역에 속한다. 루소는 이 일반의지 덕분에 사람과 사람이 이어지고, 시민들이 사회와 국가라는 공동체를 이루어 발전시킨다고 생각했다.

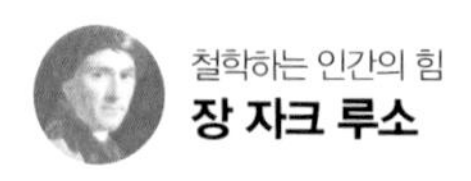

"나를 초월하여 우리로 지평을 넓히는 일반의지는
개별적 인간을 위대한 존재로 탈바꿈시킨다."

이런 맥락에서 일반의지는 루소의 사회사상 및 정치사상의 지향점이기도 하다. 루소의 시각에서 '평등'은 신분, 계급, 인종, 성의 차이를 넘어 모든 사람이 '일반의지'를 동등하게 보유했다는 의미다. 누구나 같은 지위와 자격을 인정받고, 동등한 입장에서 사회를 움직일 수 있다. 그런 의미에서 일반의지는 개인이 사회에서 생활하고 사회를 살리는 힘이다. 루소는 이렇게 기술한다.

"자연 상태에서 사회 상태로 옮겨 갈 때, 인간은 주목할 만한 변화를 보인다. 인간은 정의를 위해 본능을 거부하고, 이제까지 결여되었던 도덕성을 행위에 부여하게 된다. 그때 비로소 의무를 지키려는 목소리가 육체의 충동을 대체하고, 권리가 욕망을 대체하며, 자기만 생각하던 인간이 이전과 다른 원리에 따라 움직이고, 자신이 하고 싶은 대로 하기 전에 이성적으로 따져야 한다는 것을 알게 된다. 그는 자연적인 이익 대신 다른 종류의 큰 유익을 얻고, 그의 능력은 단련되고 발달하며, 사상은 확장되고, 감정은 고귀해지며, 영혼 전체가 고양된다." [하세가와 히로시, 조영렬 역(2014), 『지금 당장 읽고 싶은 철학의 명저』, 교유서가, 108쪽]

지금까지 루소가 말한 용어를 정리하면, 개별의지에는 '본능', '육체의 충동', '욕망', '자아집착', '자신이 원하는 대로 행하는 것' 등이 속한다. 이와 달리 일반의지에는 '정의', '도덕성', '의무', '권리', '대의에 입각하여 움직임', '이성적 사고' 등이 포함된다. 일반의지를 따르면 당장은 개별 이익, 즉 욕망과 충동에 반하기 때문에 손해인 것 같고, 불평등과 불합리한 제도가 자신의 운명을 결정하는 무기력한 상태에 빠지는 것처럼 보일지 모른다. 그러나 루소는 거시적 시각에서 자신을 바라볼 것을 주문한다.

진정한 인간의 힘은
'정의를 위해 본능의 한계를 넘어
도덕적으로 행동할 때' 발휘된다.

눈앞의 이익에 연연하지 않고 전체의 유익을 택하는 사람만이 위대한 자유가 선물하는 풍요를 맛볼 수 있다.

근대 교육이념의 산실
『에밀, 또는 교육에 대하여』

우리에게 잘 알려진 『에밀』의 원제는 『에밀, 또는 교육에 대하여 Emile, ou Traite de l'Education』이다. 루소는 『고백』에서 "에밀이 완성되기까지 20년의 사색과 3년의 시간이 필요했다"라고 회상한다. 교육을 제대로 받은 적이 없고, 자신의 다섯 자녀를 고아원에 보낸 후 양심의 가책을 느꼈던 루소는 『에밀』을 통해 이상적인 교육 및 교사상을 제시했다.

『에밀』의 본문은 고아 '에밀'의 성장단계에 맞춰 5부로 구성되어 있다. 루소는 이 책에서 아이를 아이답게 대하고 어린이의 선한 본성을 보호·유지하는 자연 순응적 전인교육을 주장했는데, 이는 당시로서는 파격에 가까웠다. 그럼에도 많은 여성이 『에밀』을 읽고 육아의 바이블로 삼는다. 상류층 부인들이 직접 아이에게 젖을 먹이며 양육하기 시작했고, 루소가 아이들을 위해 권면한 전원생활도 대유행을 했다.

종교적 이유로 금서로 지정된 『에밀』이 동시대인들에게 각광을 받고, 마침내 근대 인간교육 이념으로 자리 잡아 오늘날까지 교육계와 철학계에 지대한 영향을 미치게 된 이유는 무엇일까?

지금 우리나라와 마찬가지로 18세기 프랑스의 교육 역시 지식인이나 전문인을 양성하는 실용적 가치에 집중되어 있었다. 아이들 하나하나의 개성이나 연령에 따른 특성 따위는 무시되었고, 교육이란 그저 현실의 필요에 부응하는 수단으로만 여겨졌다.

루소의 『에밀』은 교육을 본래의 위치로 돌려보냈다. 그에게 교육은 '사람을 만드는 기술', 즉 뛰어난 직업인을 만드는 것이 아니라, 인간으로서 어떻게 살아야 하는가를 가르치는 일이었다. 그는 말했다.

**"교육은 뛰어난 직업인을 만드는 것이 아니라,
인간으로서 어떻게 살아야 하는가를 가르치는 것이다."**

"나는 아이들을 공직자나 군인, 성직자로 만들기보다 그들에게 삶 자체를 가르치고 싶다."

루소는 어린이가 지닌 자연 상태의 인간성을 회복함으로써 도덕적 자유를 지닌 미래의 시민을 양성하고자 했다. 도덕성 강화야말로 사회의 불평등과 폭력을 방지하는 데 효과적이라고 믿었기 때문이다.

루소의 주장대로 인간과 사회의 근본적 변혁은 교육에 의해서만 가능하다. 그러나 교육을 통해 한 사람 한 사회를 변화시키는 과정은 퍽 고되다. 소박한 개인의 꿈이든 사회 시스템 변혁이라는 원대한 이상이든 모든 희망은 결국 시간과의 싸움이다. 내 눈앞에 서 있는 철옹성 같은 현실의 벽이 언젠가 무너지리라고 믿는 것, 매번 수포로 돌아간 수없는 시도가 다음엔 성공하길 기대하는 것, 이것이 우리가 놓치지 말아야 할 놀라운 생명의 힘이다.

아무리 정권이 바뀌고 아무리 전문가들이 지혜를 모아 혁신적인 교육정책을 거듭 내놓아도 입시 위주의 비정상적 공교육, 그 결과로 빚어진 조기유학 열풍과 비대한 사교육 시장은 좀처럼 개선의 조짐을 보이지 않는 것이 우리 현실이다. 아이들은 성적을 비관하여 자살하고, 친구들에게 따돌림과 폭력을 당하다 상처 입은 어른이 된다. 이렇게 본다면 대한민국 교육의 현주소가 암담하다는 것은 가히 필연적 결론이다.

그러나 루소를 비롯한 무수한 사람들이 뼈아픈 눈물을 흘리며 자유와 평등이라는 꿈의 씨앗을 대지에 뿌리고, 다음 세대에 인간이 인간이 되기 위한 올바른 가치를 가르치며 인내로 결실을 맺은 덕분에 우리는 지금의 자유민주주의를 누리고 있다. 절대군주의 폭압정치하에서 그들이 붙잡았던 불가능해 보이는 꿈을 현실로 이루며 살아가는 것이다.

그들이 그랬듯 우리 자신과 미래에 이 땅에서 살아갈 다음 세대를 위해 다시 한 번 희망을 끌어안아야 한다. **사랑스러운 아이들이 먹고살기 위한 기술만이 아니라, 삶을 사는 기술, 즉 나는 누구이며 왜 살아야 하는가를 아는 지혜를 가정과 학교에서 배우도록** 같이 고민하고, 의견을 나누고, 교육 현장에도 참여할 필요가 있다. 부모와 선생님으로, 또 멘토와 친구가 되어 아이들이 반짝이는 눈으로 장래의 꿈을 이야기하는 나라를 만들어야 한다.

자유와 평등을 향해 나아간다, 누가 동승할 것인가?

루소가 살던 18세기 프랑스는 갓 피어난 자본주의와 빈익빈부익부 현상이 낳은 소외와 불평등으로 몸살을 앓고 있었다. 그런데, 그로부터 300년이 지난 21세기 대한민국의 상황은 어떤가? 최근의 연구 결과에 따르면, 우리나라 자산 상위계층 10%가 전체 부의 66%를 소유하고 있으며, 하위 50%의 자산 비중은 갈수록 줄어들어 2%대로 추락했다. 소위 돈이 돈을 버는 불평등 구조가 경제는 물론 사회 전반을 잠식하고 있다.

더 큰 문제는 머지않아 다가올 4차 산업혁명이다. 인공지능(AI)과 로봇 기술, 생명과학 등의 첨단 정보통신 기술을 기반으로 도래할 미래는 육체노동자는 물론, 의사나 변호사 등 전문직업인의 일자리까지 위협할 수 있다는 예측이 나온다. 한국 고용정보원에서도 10년 안에 70.6%의 일자리가 로봇으로 대체될 것이라는 우울한 전망을 내놓은 바 있다.

물론 이전에 존재하지 않던 새로운 일자리도 상당수 생길 것이다.

그러나 구글의 래리 페이지Larry Page처럼 시대를 한발 앞선 참신한 아이디어를 통해 위기를 기회로 전환하는 이는 소수이고, 대부분은 나날이 커지는 빈부격차의 틈새로 추락하지 않을까 우려된다.

우리나라 「헌법」 제1조 제2항은 대한민국의 주권이 국민에게 있다고 규정한다. 이는 국가의 의사결정이 국민에 의해, 국민을 위해 이뤄져야 한다는 뜻이다. 그러나 현실은 이와 달랐다. 그래서 국민들은 너나없이 기득권층의 실정과 부패에 분노하고, 어린 학생들도 촛불을 들고 거리로 쏟아져 나가 '대통령 탄핵'을 외치지 않았던가? 국민에 의해 선출되었으나 그 국민을 속이고 국정운영에서 철저히 배제시킨 권력의 최고위층을 향해 국민이 심판을 선언한 것이다.

루소는 자유와 평등이 따로 떨어질 수 없는 명제라고 했다. 우리나라의 부와 권력이 소수에 편중되고, 그들의 전횡에 의해 불평등이 심화됐다는 것은 시민들이 동등한 기회를 얻을 자유를 그만큼 박탈당했다는 뜻이 된다. 혹자는 계층 간의 신분 상승이나 성공이 단순히 개인의 노력과 능력의 문제인 것으로 치부한다. 하지만 정치가 시장을 제대로 견제하지 못하면 개인은 불공정한 경쟁구조의 무력한 희생양이 되기 십상이다. 그래서 항간에 '흙수저·금수저론'이나 '갑질' 등의 씁쓸한 유행어가 나도는 것이다.

물론 21세기의 대한민국은 18세기 프랑스의 신분제 사회와는 엄연히 다르다. 그러나 실제로 부모의 사회적 지위와 경제력, 즉 출생 신분에 따라 자녀의 운명이 어느 정도 결정되고, 개천에서 용이 날 수 있는 가능성이 줄고 있는 것 또한 부인할 수 없는 현실이다.

"자유와 평등은 따로 떨어질 수 없는 명제"

한국 사회를 패배주의로 몰아간 '자유와 평등의 부재'는 어디서 비롯됐을까? 김난도 서울대 교수는 2017년의 10대 키워드 중 하나로 '각자도생各自圖生'을 꼽았다. 각자도생은 제각기 살 방법을 도모해야 한다는 뜻이다. 현 사회의 병폐를 적나라하게 보여주는 단어가 아닐 수 없다. 인생이 각개전투일 수밖에 없는, 개인에 대한 아무런 보호 시스템도, 나와 너 사이의 끈끈한 연대의식도 없는 파편화된 사회. 공존이 아니라 둘 중 하나가 모든 것을 잃는 제로섬 게임으로 치닫는 사회.

모든 부자유와 불평등은 일정 부분 나만 잘살면 된다는 이기심의 산물이다. 남을 배려하는 대신 경쟁 상대로 여겨 더불어 사는 행복을 추구하지 않은 데 따른 결과다.

님비NIMBY 현상에 대해 들어본 적이 있을 것이다. 님비 현상은 'Not

In My Backyard'의 준말로 고아원, 장애인 시설, 교도소, 쓰레기 소각장 등 혐오스럽거나 위험한 시설이 내가 사는 지역에 들어서는 것을 반대하는 지역이기주의를 가리킨다.

장애아동 복지시설이 어느 동네에 들어서기로 예정되었다고 하자. 아이를 가진 부모라면 다 그러하듯, 장애아동의 부모도 정신적·신체적 결함이 있는 자기 아이가 어디서나 따뜻하게 환영받고, 최고의 학습 환경에서 교육되기를 바란다. 그런데 지역주민 대다수는 자기 아이를 위한다는 명목으로, 혹은 부동산 가격 하락이라는 현실적 손해를 염려하여 시설 설립 계획에 찬성하지 않는다.

이렇게 이기심은 한 인간이 다른 한 인간의 절실한 필요에 등을 돌리는 비인간적 행위를 유발한다. 내가 '또 다른 나'를 소외시키는 어리석음으로 이어지는 것이다. 이런 개인의 이기적인 행동이 모여 소수의 힘 있고 목소리 큰 사람만 법에 보장된 자유와 평등을 누리는 불공정한 사회가 구축된다.

그렇다면 어떻게 만인이 동등하게 자유와 평등을 누리는 행복한 사회를 만들 것인가?

루소는 근대 자유민권 사상의 기초가 된 사회계약설을 논하면서 개별의지가 아닌 일반의지에 방점을 찍었다. 그는 공동체의 이익을

목표로 하는 일반의지를 법으로 제도화하여 인간의 자연적 평등과 자유를 법의 테두리 안에서 보장해야 한다는 견해를 피력한다. 모두가 동의하는 이성적인 법에 의해 사회가 다스려질 때 인간은 참된 자유를 누릴 수 있다.

국민의 합의에 기초한 권위만이 정당하고 합법적이다.

일개 대통령이나 통치자가 아니라, 민의를 대변하는 법이 한 나라를 지배할 때 우리가 바라는 이상적인 민주사회가 구현되는 것이다.

2017년 3월, 이정미 헌법재판소 재판관은 퇴임 연설에서 "법의 도리는 처음에는 고통이 따르지만 나중에는 오래도록 이롭다法之爲道前苦而長利"라는 한비자의 말을 인용했다.

이정미 재판관의 말대로 법을 지키면 당장은 국가 또는 개인에게 손해가 되고, 부정적 여파를 불러올 것처럼 여겨질 수도 있다. 그러나 정치인을 비롯한 사회구성원 전부가 일반의지의 집약체인 법제도를 존중할 때, 장기적으로 그 혜택은 개인에게 두루 미친다. '법치주의'라는 이데올로기가 현실로 전환되어야 자유와 평등이 사회 전체

차원에서 확보되는 것이다.

어느 날 혜성처럼 정의로운 통치자가 등장할 것이라고 기대해서는 안 된다.

모든 문제를 일거에 해결할 정치적 메시아는 없다. 대신 누가 통치하더라도 그에 영향받지 않고, 사회 전반을 조율할 수 있는 시스템, 즉 법제도를 견실히 해야 한다.

한비자는 또 이렇게 말했다.

"늘 강한 나라도 없고, 늘 약한 나라도 없다. 법을 잘 받들면 강한 나라가 되고, 그렇지 않으면 나라가 약해진다國無常强 無常弱, 奉法者强 則國强 奉法者弱 則國弱."

법이 다스리는 나라가 되면, 힘 있고 지위가 높은 자와 이름 없는 촌부가, 부유한 사람과 가난한 사람이 기회의 자유와 평등을 동일하게 보장받는다.

"사회구성원 전부가 일반의지의 집약체인
법제도를 존중할 때,
장기적으로 그 혜택은 개인에게 두루 미친다."

루소는 인간의 타고난 자유와 평등을 지키는 데 정치를 가장 중요한 요소로 꼽았다. 그러나 우리는 기성 정치인의 부정과 부패에 신물이 난 나머지 정치적 냉소주의와 무관심에 깊이 물들어 있고, 그리하여 정치는 철저히 정치인의 몫으로 남았다. 대통령에서 구의원에 이르는 다양한 정치인과 그들의 정책을 감시하고 견제하는 민주시민으로서의 의무를 등한시하는 것이다.

하지만 최근 수백만 개의 촛불이 모여 이룩한 평화적 정권교체 과정은 우리 자신에게도 놀랄 만한 일이었고, 세계도 놀랐다.

이제 우리는 자유와 평등의 이상향을 향해 힘차게 다시 출항할 수 있을 것인가? 더는 자기 욕심 채우기에 급급한 정치꾼의 손에 '대한민국'이라는 배의 키를 맡겨서는 안 된다. 대한민국호의 진짜 선장은 우리 모두이기에 이제 구경꾼의 자리를 박차고 일어나 보다 나은 세상을 만드는 목소리를 내야 한다. 민심은 천심이다.

노자

『도덕경』으로 따라가보는 노자의 삶,
그리고 잘 사는 법

- 사마천의 『사기』에는 이렇게 기록되어 있다.

"노자가 은둔자라(그 자세한 행적을 알 수 없기 때문이다)."

"초나라가 송나라를 포위했을 때
도성을 사수하던 송나라 사람들이 양식과 땔감이 바닥나자
서로 자식을 바꿔서 잡아먹기 시작했다"

–『사기』

"춘추시대 300년 동안
36명의 군주가 신하의 손에 시해당하고
140개의 제후국 가운데 10여 개만 가까스로 살아남았다.
극도의 무질서와 대혼란의 시대였다"

–『사기』

제후들이 주체할 수 없는 탐욕을 채우기 위해
백성에게 무거운 세금을 물리고
온갖 노역으로 끊임없이 그들을 혹사시켰던 시대,
백성들은 가혹한 수탈과 끝없는 전쟁을 견디다 못해
대대로 지켜온 삶의 터전을 등지고
정처 없이 각지를 떠돌았다

"한 번의 전쟁에 투입되는 무기와 말과 수레는
10년 안에는 회복이 불가능한 정도로
엄청난 경제적 손실을 안겨다 주었다."

–『전국책』

그 누구도 알 수 없었다.

내일 어떤 세상이 펼쳐질지……

예측조차 할 수 없는 불안한 상황이 계속되던 시대

그리스 철학자 소크라테스가

참혹한 전쟁 속에서 질문을 던졌듯,

'사회와 인간은 어떠해야 하는가' 하는 문제는
동서양을 막론하고,
위기의 시대에는 언제나 등장하는 화두다.

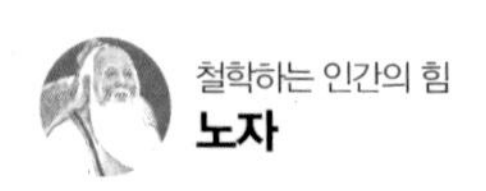

무모한 전쟁,
무질서와 혼란 속에서

노자는 대륙 전체가 갈라져 싸운 춘추전국시대에 태어나 극도의 무질서와 대혼란을 지켜보았다.

춘추전국시대는 이전까지 절대적 권위와 지배력을 유지한 하늘(여기서 '하늘'은 은나라의 통치 개념)과, 천자라는 최고 지배자가 여러 복합적인 이유로 갑작스레 지배력을 상실하고, 사회와 인간의 존재 방식이 전혀 다르게 재편된 시기를 가리킨다.

근대의 역사에서는 전쟁이 종료되면 평화협정과 피해보상, 포로송환 정도로 사후처리가 끝나는 경우가 많지만, 당시에는 패자에 대한 승자의 잔인하고도 처절한 약탈이 자행되었다.

이러한 험악한 시대의 혼란은 평온하던 작은 마을마저 가만히 내버려두지 않았다. 다른 나라와 싸우려면 군사와 물자가 필요한 법. 국가는 젊은이들을 마구 잡아가고 포악한 방식을 동원해 세금을 거두었다. 백성을 '보호'한다는 명분을 내세워 마치 폭력배와 같이 무소불위의 권력을 휘두른 것이다. 거기다 국가는 군사 요충지라는 이유로 개인의 땅을 함부로 빼앗고 사람들을 억지로 끌어다 놓고 요새를 만들었다.

그들은 왜 이처럼 무모한 전쟁을 벌인 것일까? 춘추전국시대 제후국들의 최대 과제는 백성의 수를 늘리는 것이었다. 부국강병을 이루려면 노동력과 군사력이 필요했는데 아이를 낳아 그러한 인력을 늘리는 데는 아무래도 한계가 있었다. 즉 더 많은 노동력과 농토를 확보하기 위해 전쟁을 선택했던 것이다.

행복한 삶의 터전을 빼앗기고 척박한 땅에서 기구한 삶을 살아야 했던 이들에게 과연 희망이 있었을까? 다행스럽게도 춘추전국시대라는 대격변의 소용돌이 속에서 변화무쌍한 인생의 불안과 덧없음을 온몸으로 겪으며 깨달음을 얻은 자들이 하나둘 나타났다. 유가, 법가, 묵가, 도가 등의 새로운 학파가 제각기 목소리를 높이기 시작한 것이다. 이른바 백가쟁명百家爭鳴의 시대였다.

이들 다양한 학파가 추구한 것은 단지 전란 속에서 살아남는 법 그 이상이었다. 그들은 삶을 송두리째 빼앗긴 백성에게 살아갈 희망을 주고자 했다. 그래서 인간의 고귀함을 포기하지 않고 외려 그것을 회복하기 위한 방법과 기회를 제시하는 사상들이 꽃피기 시작했다. 그들은 미래에 좋아질 세상을 논한 것이 아니라 지금 여기, 즉 현재의 혼란과 좌절 속에서 최선의 삶을 사는 방법을 탐구했다.

그 중심에 당시에는 이름도 잘 알려지지 않았던 한 사람, 노자老子가 있었다. 그의 생애에 대해서는 자세히 알려진 바가 없다. 하지만 그의 사상은 구전으로 전승되어 훗날 그를 따르는 제자들에 의해『도덕경』으로 편찬되었다.

통치자에게는 올바른 정치학 교과서로, 백성에게는 의미 있는 일상의 삶으로 복귀하도록 만든 신비한 그의 사상은 지난 2500여 년 동안 동서양 모든 이의 가슴을 뛰게 하는 언어가 되어 지금도 살아 숨쉬고 있다.

수천 년 동안『성경』다음으로 세계에서 가장 널리 알려졌다고 평가받는 노자의『도덕경』. 오늘날 우리 시대처럼 최고 지배자가 권력을 상실했을지라도, 불안과 삶의 덧없음이 팽배할지라도, 그것이 끝이 아님을 도덕경은 생생하게 들려주고 있다. '가장 낮은 데서 피는 꽃'이 세상의 질서를 회복시킬 수 있다. 잡초는 없다.

노자,
나이 많은 스승

"사회 혼란의 원인은 인간의 그릇된 가치관과
인위적 사회제도이다."

사마천(기원전 145?~기원전 86)의 『사기』「노자·한비열전」에 따르면 "노자(기원전 570?~)라는 이는 초나라 고현 여향 곡인리 사람이다. 성은 이씨이며 이름은 이耳, 자는 담聃인데, 주나라 왕실 도서관을 관장하는 사관史職이다." 이는 노자의 자취에 관한 가장 오래되고 공식적인 언급이다.

중국 도가 철학의 시조인 노자는 '나이 많은 스승'이라는 뜻으로, 그의 생존 연대는 『사기』조차 확실한 근거를 대지 못하고 있다. "노자는 바로 이 사람"이라고 명시한 춘추전국시대 문헌이 새롭게 발견되지 않는 한 그의 자취를 가늠해볼 수 있는 유일한 단서는 『도덕경』뿐이다.

춘추전국시대의 중요한 저술 중 하나인 이 책은 당시 사람들의 세계관과 인생관이 총체적으로 반영되어 있다. 지금까지의 연구에 의하면 『도덕경』은 기원전 350~기원전 200년경의 집단 창작의 결과물인 것으로 알려져 있다. 원문은 상편과 하편으로 구성되는데, 상편에 해당하는 제1장부터 제37장까지는 「도경」, 하편인 제38장부터 제81장까지는 「덕경」으로 불린다.

노자는 제도와 문화에 대해 비판하는 대신 근본으로 돌아가자고 외쳤다. 그는 인간이 천성적으로 완전성에 도달하는 길을 가지고 태어난다고 믿었다. 그는 모든 사람이 그 내면에 새겨진 길을 따름으로써 자아를 긍정적으로 발전시킬 수 있으며, 결과적으로 공동체가 완전한 질서의 상태에 도달할 수 있다고 믿었다.

"인간은 천성적으로 완전성에
도달하는 길을 가지고 태어난다."

우리 뇌리에 각인된 노자의 이미지, 그가 은둔과 현실도피의 철학자라는 공식은 후대에 만들어진 '조작된 이미지'로 그의 참모습이 아니다.

제2의 춘추전국시대였던 삼국시대(184~280)와 그 이후의 위진·남북조시대 지식인들 사이에는 현실도피로 일신의 해탈을 추구하는 '현학玄學'이 성행했다. 이때 왕필이 주석한 『도덕경』이 세상에 알려지면서 우리가 1700년 동안 노자를 오해한 것이 드러났다.

오히려 노자는 상당히 현실참여적이었고, 삶에서 필요한 처세술, 통치에 임하는 자세나 전쟁에서의 용병술, 백성과의 소통 방법, 주변국과의 외교 등에 관해 조언하는 『도덕경』은 제왕들에게 보배 같은 고전이자 철학이라는 것이었다.

1973년 11월, 중국 후난성 창사의 마왕퇴 한묘에서 한나라 문제 때의 것으로 추정되는 묘가 발굴되었다. 여기서 나온 두 벌의 『도덕경』 가운데 하나가 '백서갑본帛書甲本'이고, 다른 한 벌은 '백서을본帛書乙本'으로 불린다. 그런데 더 중요한 것은 이 무덤의 주인이 누구인가가다. 그는 한나라 초기의 대부로, 지금으로 치면 도지사쯤 되는 인물이었다. 노자의 가르침이 도지사의 무덤에 같이 묻힐 정도로 그 당시 지도층에게 호소력 있는 메시지를 담고 있었던 것이다.

유무상생有無相生의 원리, "좋은 것이 좋지 않다"

노자가 보기에 이 세상은 모든 것이 반대편을 향해 열려 있고, 반대편과의 관계 속에서 비로소 존재한다. 즉 자신의 존재 근거가 자신 안에 있지 않고, 상대편과의 관계 속에 있는 것이다.

노자의 스승은 상용商容이었다. 어느 날, 상용이 노자에게 입을 벌려 혀를 내밀어 보인다. 물론 노자는 그 뜻을 전혀 이해하지 못했다. 상용은 아무런 말도 없이 그 길로 떠나버린다.

오랜 세월이 지난 뒤 노자는 스승의 큰 가르침을 깨달았다. 혀는 부드러워서 오래 남지만, 이빨은 딱딱하고 단단해서 쉽게 부러지거나 없어진다. 세상사에 대한 처세 역시 이와 같아서 유연하게 처세하는 사람은 재난을 피하고 행복을 얻는다. 그런 사람은 어떤 상황이 닥쳐도 융통성을 발휘하여 적응해나가므로 더 오래도록 즐거운 삶을 누릴 가능성이 많다.

『도덕경』 제2장에는 이런 내용이 실려 있다.

"세상 사람들이 모두 아름답다고 하는 것을 아름다운 것으로 알면, 이는 추하다.
세상 사람들이 모두 좋다고 하는 것을 좋은 것으로 알면, 이는 좋지 않다.
유와 무는 서로 살게 해주고 어려움과 쉬움은 서로 이뤄주며 길고 짧음은 서로 비교하고, 높음과 낮음은 서로 기울며, 음音과 성聲은 서로 조화를 이루고 앞과 뒤는 서로 따르니 이것이 세계의 항상 그러한 모습이다.
자연의 이런 원칙을 본받아 성인은 무위하는 일을 하며, 불언의 가르침을 행한다.
만물이 잘 자라는 것을 보고 그것을 자신이 시작하도록 했다고 하지 않고, 잘 살도록 해주고도 그것을 자신의 소유로 하지 않으며, 무엇을 하되 그것을 자신의 뜻대로 하려 하지 않는다.
공이 이루어져도 그 이룬 공 위에 자리 잡지 않는다. 오로지 그 공 위에 자리 잡지 않기 때문에 버림받지 않는다." [노자, 문성재 역(2014), 『처음부터 새로 읽는 노자 도덕경』, 책미래, 63~64쪽]

노자는 유무·어려움과 쉬움·길고 짧음·높음과 낮음·음성·전후 등과 같이 서로 짝을 이루는 특성들이 서로 분리되고 대립되는 관계가 아니라, 상생·보완의 관계에 있다고 본다. 여기서 노자 철학의 키워드가 등장하는데, 바로 '유무상생有無相生', 즉 "유와 무는 서로 살게 해준다"라는 구절이다.

“세상 사람들이 모두 좋다고 하는 것을
좋은 것으로 알면, 이는 좋지 않다.”

『도덕경』 제15장에는 노자 사상을 이루는 또 하나의 핵심이 기술되어 있다.

“조심조심 하는구나! 마치 살얼음 낀 겨울 내를 건너는 듯이 한다. 신중하구나! 사방을 경계하는 듯이 한다.” [최진석(2015), 『노자의 목소리로 듣는 도덕경』, 소나무, 137쪽]

여기에서는 코끼리를 가리키는 ‘예豫’와 원숭이를 가리키는 ‘유猶’가 나온다. 두 동물 다 의심이 많고 조심스럽기 그지없는 동물들이다. 그래서 유예猶豫라는 말은 할까 말까 망설이는 모습을 가리킨다. 노자가 보기에 득도한 사람의 행위는 이와 같다. 우유부단함을 지칭하는 말이 아니다. 어느 한쪽을 경솔하게 선택하지 않고 어떤 상황에서나 그 반대편까지 고려하는 자로서의 신중한 모습이다.

그리고 이어지는 구절을 보면 이렇다.

“진중하구나! 마치 손님과 같다.” [최진석(2015), 『노자의 목소리로 듣는 도덕경』, 소나무, 138쪽]

손님의 태도를 가져야 한다는 말이다. 손님의 입장에 서야 온순하고 친절하다. 주인의 입장을 내세우고 군림하려 하면 경쟁이 생겨나고 갈등이 심해진다. 모두가 주인이고자 할 때는 그 가운데 힘 있는 자가 실제적 주인 역할을 하게 된다. 하지만 손님 입장에 서면 서로 조심스러워지는 편을 택한다. 조화를 이룰 수 있다.

제15장의 마지막 구절을 보자.

"이런 이치를 지키는 자는 꽉 채우려 들지 않는다. 오직 채우지 않으니 자신을 너덜너덜하게 하지 특정한 모습으로 완성치 않는다." [최진석(2015),『노자의 목소리로 듣는 도덕경』, 소나무, 145쪽]

이것은 특정한 신념이나 이념에 지배되지 않는다는 뜻이다. 자신을 경계 짓지 않고 특정한 모습으로 확정 짓지 않는다.『도덕경』제11장에서도 언급한 것과 같이 수레의 바퀴통, 그릇, 방이 그 고유의 기능을 발휘하고 존재 가치를 발휘하는 것은 '비어 있을 때'이다. 이런 사람, 곧 '비어 있는' 사람의 삶이 어떤 결과를 가져오는지 한번 살펴보자.

이어지는『도덕경』제16장에는 다음과 같은 내용이 있다.

"텅 빈 상태를 유지해야 오래가고, 중中을 지켜야 돈독해진다. (중략) 늘

그러한 이치를 알면 포용하게 되고, 포용력이 있으면 공평하게 되며, 공평할 줄 알면 왕 노릇을 할 수 있다. 왕 노릇을 하는 일은 곧 하늘에 부합하는 것이며, 하늘에 부합하는 일이 곧 자연의 이치이다. 자연의 이치대로 하면 오래갈 수 있으며, 죽을 때까지 위태롭지 않다." [최진석(2015), 『노자의 목소리로 듣는 도덕경』, 소나무, 145쪽]

노자가 여기에서 말하는 자연을 'Nature'로 번역하는 경우가 있는데 잘못된 해석이다. 『도덕경』에 나오는 용례를 보면 제24장, 제25장, 제51장, 제64장의 '자연'은 현재 시제로 '저절로 그렇게 되다'로 번역된다. 여기에서 말하는 자연은 "어떤 외압도 없이 이루어지는 백성들의 자발적·능동적 행위를 가리킨다고 할 수 있다. 단순히 산천山川을 말하는 것이 아니라 모든 것을 사랑하고 소중히 여기는 마음으로 조화를 추구하는 사회를 가리켜 자연이라 한 것이다.

"큰 그릇은 특정한 모습으로 완성되지 않는다."

우리가 공정함을 잃게 되는 이유는 자신의 편견이나 욕망 혹은 특정한 신념, 즉 지향점을 가지고 있기 때문이다. 그리하여 그 기준에 합당할 때는 긍정적인 시선을 보내고 그렇지 않으면 배척한다. 우리는 사태를 전체적으로 파악하는 지식과 능력을 갖춰야 한다. 바른 판단이 중요하다. 그래야 왕 노릇을 할 수 있고 죽을 때까지 위태롭지 않다.

『도덕경』 제41장을 보면 '대기면성大器免成'이라는 사자성어가 나온다.

"정말 큰 사각형에는 모서리가 없고,
정말 큰 그릇은 완성이 없고,
정말 큰 음은 소리가 없고,
정말 큰 형상은 모습이 드러나지 않는다." [최진석(2015), 『노자의 목소리로 듣는 도덕경』, 소나무, 145쪽]

"큰 그릇은 특정한 모습으로 완성되지 않는다"가 '대기면성大器免成'이다. 이 사자성어가 왕필본에는 '대기만성大器晩成'으로 나와 있다. 대기만성은 "큰 그릇은 늦게 이루어진다"라고 해석되며, 우리에게는 "대기만성형 인간이 되기 위해 노력하라"라는 경구로 익숙하다.

하지만 이는 오역이다. 노자는 여기서 "이루어진다"가 아니라 "완성되지 않는다"를 말하고 싶은 것이다. '대기면성'하는 인간은 시시각각 끊임없이 변하는 세상 속에서 묵묵히 자기 자리를 지키면서 자신이 맡은 일에 최선을 다하는 인간이다.

'무위無爲'란 특정한 이념이나 기준을 근거로 행하지 않는다는 말이다. 무위적 태도를 가진 사람은 기분이나 사고방식 등에 휘둘리지 않고 세계를 '보이는 그대로' 볼 수 있다. 따라서 어떤 변화가 찾아와도 잘 적응하고 적절히 반응할 수 있다. 그래서 '무불위無不爲'라 한다. '되지 않을 것이 없다'는 말이다. 그러므로 어떠한 변화 앞에서도 당황하거나 두려워할 필요가 없다.

세 가지 보물,
헤아릴 수 없이 묘한 것

사회의 대격변기. 전쟁이 끊이지 않았고, 사회질서가 붕괴된 상황에서 노자는 천하를 다스리는 방법으로 세 가지 보물을 제시했다. '자애로움', '검약함', '앞으로 나서지 않음'이다. 『도덕경』 제67장에 나오는 이야기다.

"나는 세 가지 보물을 가지고 있는데
그것을 잘 지키고 보존한다.
첫째는 자애로움이고
둘째는 검약함이며
셋째는 감히 세상을 위하여 앞으로 나서지 않는다는 것이다.
자애롭기 때문에 용기를 낼 수 있고
검약하기 때문에 넓어질 수 있으며
감히 세상을 위하여 앞으로 나서지 않기 때문에
온 세상의 지도자가 될 수 있다.
지금 자애로운 마음을 버리고서 용기를 내거나
검약함을 버리고서 넓히려 하고

뒤로 물러서는 덕성을 버리고서 이끌려고 하는 것은
바로 죽음의 길이 될 것이다.
무릇 자애로움을 가지고 싸우면 이기고
자애로움을 가지고 지키면 견고하다.
하늘이 장차 누군가를 구하려 한다면
자애로움으로 그를 지켜줄 것이다." [최진석(2015), 『노자의 목소리로 듣는 도덕경』, 소나무, 475쪽]

자慈는 이 세상을 따뜻한 눈빛으로 보는 것이다. 사물이나 사람을 따뜻한 눈으로 보기 때문에 선하지 않은 사람에게도 선으로 대할 수 있다. 한 걸음 더 나아가 '자애慈愛'에는 또 다른 중요한 의미가 담겨 있다. 『설문說文』, 즉 한자의 모양을 분석·해설한 책에 따르면 "'자慈'란 사랑하는 것을 가리킨다." 즉 '애愛'가 포괄적 의미의 사랑이라면, '자慈'는 연장자가 연소자에게, 윗사람이 아랫사람에게 베푸는 내리사랑에 해당한다.

'검약'은 아낀다는 것이다. '감히 세상을 위하여 앞으로 나서지 않는다'라는 것은 앞장서서 자신의 이념을 가지고 세상을 특정한 방향으로 인도하지 않는다는 뜻이다. 자신의 욕망이나 의지를 관철시키고 자신에게 다가올 이익을 고려하여 나서지 않는다는 것이다.

세 가지 보물 가운데서도 가장 기본적인 것은 '자애로움'이다.

『도덕경』 제69장에 보면 이런 말이 있다.

“그러므로 비슷한 힘의 군대가 서로 겨룰 때는 자애로운 자가 이긴다.”

[최진석(2015), 『노자의 목소리로 듣는 도덕경』, 소나무, 475쪽]

이 구절을 보면 위에서 언급한 『도덕경』 제67장의 마지막 부분이 자연스레 겹쳐진다. “무릇 자애로움을 가지고 싸우면 이기고, 자애로움을 가지고 지키면 견고하다. 하늘이 장차 누군가를 구하려 한다면, 자애로움으로 그를 지켜줄 것이다.”

‘자애로움’의 최고 경지는 『도덕경』 제27장에서 확인할 수 있다.

“그러므로 좋은 사람은 좋지 않은 사람의 스승이고,
좋지 않은 사람은 좋은 사람의 거울이다.
그 스승을 귀하게 여기지 않고,
그 거울을 아끼지 않으면,
비록 지혜롭다 할지라도 크게 미혹될 것이다.
이것이 바로 요묘要妙이다.”

[최진석(2015), 『노자의 목소리로 듣는 도덕경』, 소나무, 231쪽]

좋은 사람과 좋지 않은 사람이 서로를 스승과 삶의 거울로 삼는 것이 지혜다. 마치 미운 자식과 착한 자식을 모두 품는 어머니의 사랑

처럼 말이다. 노자는 이것을 '요묘', 곧 헤아릴 수 없이 묘한 것이라 했다.

"천하를 다스리는 세 가지 보물은
자애로움, 검약함, 앞으로 나서지 않음이다."

흐르는 물처럼

노자는 도道는 눈에 보이지 않으며, 눈에 보이는 것 가운데 가장 도에 가까운 것은 물水이라고 했다. 『도덕경』 제8장에서 상선약수上善若水 곧 "가장 훌륭한 덕은 물과 같다"라고 했는데, 그 이유를 노자는 다음과 같이 이야기한다.

> "물은 만물을 이롭게 할 뿐 다투지 않고,
> 주로 사람들이 싫어하는 곳에 처한다.
> 그러므로 도에 가깝다.
> 물과 같은 이런 덕을 가진 사람은
> 살아가면서 낮은 땅에 처하기를 잘하고,
> 마음 씀씀이는 깊고도 깊으며,
> 베풀어줄 때는 천도처럼 하기를 잘하고,
> 말 씀씀이는 신실함이 넘친다."
> [최진석(2015), 『노자의 목소리로 듣는 도덕경』, 소나무, 79쪽]

즉, 노자가 물을 최고의 선이라고 하는 이유는 세 가지다.

첫째 '수선리만물水善利萬物'이다. 물이 만물을 이롭게 하기 때문이다. 물이 생명이 된다는 의미다.

둘째 '부쟁不爭'이다. 물은 다투지 않는다. '쟁爭'은 갈등을 뜻한다. 살다 보면 얼마든지 다툼과 논쟁이 일어날 수 있다. 이때 물은 '부쟁', 즉 끝까지 다투지 않고 비켜 간다. 물은 자기 앞에 있는 사물을 장애물로 생각하거나 그것과의 갈등을 해결하려는 목적을 지니지 않는다. 상생이 목적이다. 넘어갈 수 없으면 비켜 간다.

셋째 '처중인지소오處衆人之所惡'이다. 주로 사람들이 싫어하는 곳을 흐른다. 물은 높은 곳으로 흐르지 않는다. 낮고 소외된 곳으로 흘러간다. 그 낮고 깊은 곳, 소외된 곳에 머물며 다른 사물에 수분을 공급하고 이롭게 한다. 그곳에 생명을 불어넣는다.

이런 모습이 도를 알고 있는 사람들의 모습이라는 것이다. 이를 두고 노자는 '상선약수'라고 했던 것이다. 겸허謙虛와 부쟁不爭의 덕을 갖추었다는 말이다.

"물은 넘어갈 수 없으면 비켜 간다."

『도덕경』 제43장에는 이렇게 기록되어 있다.

"세상에서 가장 부드러운 것이 세상에서 가장 단단한 것 위를 달리고, 형체도 없는 것이 틈조차 없는 곳까지 스며듭니다." [노자, 문성재 역(2014), 『새로 읽는 노자 도덕경』, 책미래, 265쪽]

물은 세상에서 가장 부드럽고 형체조차 없다. 그럼에도 불구하고 세상에서 가장 단단한 것 위를 자유자재로 누비고 다니며 바위라 할지라도 그 속을 뚫고 들어가 통한다. 이 부분은 왕필본 등에서 "세상에서 가장 부드러운 것이 세상에서 가장 단단한 것을 부린다"라고 해석되어 있다. 그러나 노자는 여기서 누가 누구를 '부리는 것', '다스리는 것'을 염두에 두지 않았다. 그는 세상에서 아무리 단단하고 틈 없는 바위 위라 해도 물의 본성과 같이 묵묵히 자신의 자리를 지키며 충실하면 언젠가는 저절로 바라는 바를 이룬다는 점을 말하고자 했던 것이다.

칠흑같이 어두워도,
해를 품은 달

노자가 살았던 춘추전국시대 청중들은 그의 이야기를 듣고 어떤 위로와 희망을 얻었을까? 그들은 민초民草다. 전쟁에 동원되어 짐승같이 죽고, 가족은 흩어지고, 또 모두가 굶주리고 있다. 감당할 수 없는 세금에 시달리며, 무자비한 폭력의 먹이사슬 속에서 최말단에 처한 자들이 바로 민초였다.

그 시대 정치인들은 자신의 사리사욕을 채우기에 급급했고, 경제는 파탄에 빠졌으며, 젊은이들조차 아무런 꿈을 꿀 수 없는 어둠에 사로잡혔다. 그나마 절대적 권위와 지배력을 상징하는 하늘마저 무너졌다. 좋은 날은 과연 올 것인가? 아무도 내일을 장담할 수 없는 그때 노자의 언어가 절망과 좌절 가운데 냉소적으로 변한 민초들의 가슴에 불을 지른다.

『도덕경』 제8장의 첫 부분에서 노자가 언급한 '상선약수', 그런데 과연 가장 낮은 곳으로 모이는 물, 혼탁한 곳이며 잡종들이 모이는 곳에서 과연 선한 것이 나올까? 게다가 그것이 생명을 살린다니!

이스라엘 갈릴리 지방에 가면 겨자풀을 볼 수 있다. 그 씨앗은 자세히 들여다보지 않으면 눈에 띄지도 않을 만큼 작다. 그런데 그 깨알만 한 씨가 4~5미터나 되는 크기로 자란다. 심지어 새들도 뜨거운 태양을 피해 그 그늘 아래서 편히 쉰다.

유대인들은 기원전 1400년경에 고아와 과부, 나그네와 병든 자들을 보호하는 율법을 제정했다. 가난하든 부유하든 유대인이라면 예외 없이 자기보다 열악한 처지에 있는 사람을 위해 자신의 소유를 나누어야 했다.

반드시 힘 있고 부유해야 사람이 살 만한 세상을 만들 수 있는 것은 아니다. 이스라엘인이 지녔던 깊은 연민의 정신을 실천하는 물처럼 낮은 자들이 모이는 곳은 어디나 하늘 높이 솟은 겨자풀이 자라는 들판으로 변한다. 그래서 인생의 고비를 만난 또 다른 낮고 소외된 이들에게 안식과 생명을 제공하는 터전이 된다.

"유는 무의 손님으로,
무는 유의 손님으로 맞이해야 한다."

병원에서 중증 장애를 가진 자녀를 돌보며 하루하루 시간을 보내는 사람, 암 진단을 받은 가족의 항암 치료를 위해 직장을 그만두고 이 병원 저 병원을 전전하는 사람, 청춘을 불살라 비좁은 고시원과 학원에서 밤낮없이 공부하는 사람, 어디를 향해 달려가는지도 모른 채 초·중·고·대학교의 긴 과정을 통과하는 학생, 가사와 육아를 위해 자신을 희생해야 하는 주부, 경제적 이유로 힘든 직장생활을 겨우 버티는 샐러리맨, 가정 해체로 남모르는 상처와 고통을 겪는 사람들이 다 노자의 시대를 살던 민초와 같아 보이는 것은 왜일까?

노자는 유는 무의 손님으로, 무는 유의 손님으로 맞이해야 한다고 했다. 가만 보면 우리가 경험하는 일상의 모든 일은 계획되었다기보다 손님처럼, 불현듯 찾아오는 존재다. 어떤 의미에서 삶은 불가항력적이다. 어느 날 눈을 떠 정신을 차려보니 지금 여기 있는 것과 같다.

노자와 동시대의 사람들이 춘추전국시대에 태어나고 싶었겠는가? 결코 아니다. 그들은 그저 내던져진 것이다. 그들은 감당할 수 없을 만큼 거대한 세상의 부조리와 부당함 앞에서 실망과 좌절에 빠져 한때 냉소적으로 살기도 했다. 그러나 그들은 노자가 던지는 도덕적 메시지에 응해 자신이 처한 처절한 삶의 정황으로부터 인간이 지닐 수 있는 최선의 모습을 이끌어냈다.

춘추전국시대는 오늘날에도 현재진행형이다. 그래서 현대를 살아가는 우리에게도 노자의 가르침은 유효하다. 칠흑같이 어두운 밤하늘에 뜬 달이 다시 떠오를 해를 품었기에 밝은 빛을 발하듯, 낮고 소외된 땅에 발을 딛고 살아가는 선한 이들의 삶, 곧 겸허와 부쟁의 덕을 행하고, 다툼을 피하며, 자애로운 눈으로 모두를 바라보는 이들의 삶이 역사를 움직인다.

역사는 눈물이 흐르는 방향으로 흐른다.

노자의 덕을 실천하는 보통사람들이야말로 해를 품은 달이 되어 이 시대의 어둠을 비추어주고 있다.

공자

더 좋은 세상은 아직 오지 않았다

- 기원전 551년 춘추시대 노나라 양공 22년 창평향 추읍 출생.
- 기원전 549년 아버지 숙량흘 사망, 어머니 안징재와 노나라 수도 곡부로 이사.
- 기원전 537년 계손 씨가 노나라의 절반 이상을, 맹손 씨와 숙손 씨가 각각 나머지 반을 차지.
- 기원전 535년 어머니 사망(공자 나이 17세).
- 기원전 533년 19세에 송나라 기관 씨와 결혼.
- 기원전 532년 아들 공리 출생(딸도 하나 있었음).
- 기원전 517년 노나라의 내란으로 피난하여 제나라로 감.
- 기원전 512년경 대략 41세경 동주의 왕도 낙읍으로 문화 연수.
- 기원전 504년 노 정공 통치 시 계손 씨의 가신 양호의 득세.
- 기원전 501년 51세, 중도재(국도의 장관)에 오름(토지 문제를 관리하는 '사공', 형벌과 치안을 담당하는 '사구' 등의 벼슬을 거침).
- 기원전 498년 소사공(건설부 장관)을 거쳐 대사구(사법부 장관)로 승진 후 3년간 재임. 얼마 후 재상 겸임.
- 기원전 497년 안회, 자로, 자공, 염유를 비롯한 여러 제자와 고국을 떠나 14년의 주유열국 시작.
- 기원전 497년 위나라 자로의 처형 안탁주의 집에 머무름. 위 영공이 표면적으로는 공자를 예우하였으나 참정의 기회를 주지 않음(초기 5년).
- 기원전 492년 진나라 → 위나라 → 조나라 → 송나라 → 정나라 → 진나라 → 초나라(중기 4년).
- 기원전 488년 위나라에 거의 머무름(후기 5년).
- 기원전 485년 67세, 부인 기관 씨 사망.
- 기원전 484년 아들 공리 사망. 고국인 노나라로 돌아옴. 공자학숙을 세워 교육과 저술에 전념하며 제자 양성(증삼, 자하, 자장, 공서적, 번지 등).
- 기원전 481년 수제자 안회 사망.
- 기원전 480년 제자 자로 죽임 당함(위나라 정변).
- 기원전 479년 73세의 나이로 사망(노 애공 16년).

인간의 삶에 가장 큰 저주는 무엇일까?
무엇이 우리를 힘들게 할까?

그것은
아무것도 믿지 못하는 세상,
법과 질서가 무너진 세태

혼돈의 시대, 세상을 향한 공자의 외침

'최선의 이름값'을 함으로써
'더 좋은 세상'을 만들자!

공자에게는
향락비를 마련하고자 백성을 수탈한 귀족과
그들에 의해 고통당하는 평민
그 모두가 동정의 대상이었다

공자가 엮은 중국의 사서 『춘추』에 따르면
춘추시대 242년 동안
약 500차례의 군사행동 전개

법과 질서가 뿌리째 흔들린 정처없는 시대,
과연 '미래'는 오는 것일까
자신의 권모술수 외에는
아무것도 믿을 수 없던 시대

무질서와 혼란의 극치
그 와중에도 국가와 가정과 개인은
각자의 자리에서
"이름값에 걸맞게 살 수 있다"

다 좋은 세상은 없으나
더 좋은 세상은 만들 수 있다
"더 좋은 세상은 아직 오지 않았다"

무녀의 아들이나 다름없는 사생아
부표처럼 떠돌며 십 대를 보낸 가난뱅이
출생 신분이 비천한 걸로 모자라
변변한 이력조차 없었던 공자
14년 동안 제자들을 거느리고
이 나라 저 나라를 떠돌 때도
개 취급을 당한 사람

그러나 공자는
배움에서 기쁨을 얻으며
남이 자기를 알아주지 않아도
노여워하지 않는 군자였다
천명을 하는 사람이었다

공자의 '인'과 '정명' 사상,
사람을 귀히 여기고
모든 어긋난 것을 바로 세우는
'도道'를 따를 때

오늘보다 더 좋은 인생,
오늘보다 더 좋은 정치,
오늘보다 더 좋은 기업이 탄생한다!

기원전 600년부터 기원전 400년경,
그리스에서는 인류 최초의 철학자 탈레스와
소크라테스가 생각에 잠겼고,
인도에서는 붓다가,
이스라엘에서는 선지자와 예언자 들이,
중국에서는 춘추전국시대의 제자백가가
도와 이치를 고민했다

그리고 그때 공자가 나타난다

철학하는 인간의 힘
공자

춘추시대라서
살기 힘든 것은 아니다

인류의 역사를 돌이켜 보면 무늬와 색깔이 다른 무질서와 혼란이 끝없이 되풀이된다. 기원전 600년에서 기원전 400년 사이 고대 그리스는 최고의 전성기를 향유하고 있었다. 소크라테스의 제자 플라톤은 『국가』를 통해 완벽한 이데아의 세계를 그리며, 더 좋은 세상을 만들기 위한 방법을 제시하지만 그의 꿈은 이루어지지 않았다. 영원할 것 같았던 아테네의 풍요와 번영도 하루아침에 스러졌다.

하지만 플라톤의 꿈은 15~16세기 유럽에서 다시 화려하게 부활한다. 토머스 모어Thomas More가 저서 『유토피아』를 통해 이상 국가의 정체에 관해 이야기하면서다. 당시 귀족과 시민들은 이익과 권력, 부에 대한 과도한 집착으로 각기 분열되어 국가 차원의 위엄과 질서를 근본부터 갉아먹고 있었다. 토머스 모어의 『유토피아』는 그래서 더욱 대중의 마음을 사로잡았다. 그러나 그의 이상향 역시 당대에는 실현되지 못했다.

시대의 불빛이 어두워질 때면 어김없이 또 다른 이데아, 또 다른 유토피아가 나타난다. 무력하기 짝이 없는 한 인간의 어깨를 짓누르는 시대의 무게를 어떻게 극복할까? 언젠가는 이 세상이 영화에 나오는 유토피아처럼 변하리라고, 삶에 지친 이들을 위로하면 될까? 아니다. 우리에게는 그보다 먼저 해야 할 일이 있다. 나의 일상이 그토록 힘겨운 이유가 과연 모든 게 엉망인 듯한 이 시대 탓인지 숙고하는 것이다.

시대마다 온 생애를 바쳐 이 고민에 부딪친 용감한 사람들이 있었다. 그중에서도 춘추전국시대(기원전 770~기원전 221)의 제자백가에 주목하여 그들이 인간과 삶을 두고 깊이 사색하여 거기서 건져 올린 지혜를 살필 필요가 있다. 이 무렵, 세계 4대 성인 가운데 동양철학의 대표 주자인 공자가 등장한다.

난세에 영웅이 출현한다고 했던가! 고대 그리스의 황금기가 지나고 혼돈과 무질서가 절정에 이르렀을 때, 역시 4대 성인 중 한 명인 소크라테스(기원전 470~기원전 399)가 서양에서 등장했고, 동양에서는 그보다 조금 앞서 공자(기원전 551~기원전 479)가 활동했다.

이들이 가진 여러 가지 공통점 중 눈에 띄는 것은 소크라테스와 공자 두 사람 다 '좋은 세상'에 대한 낙관적 생각을 청중에게 일방적으로 주입하기보다는 '더 좋은 세상'을 위한 실질적 대안을 제시했다는 사실이다.

공자가 살았던 춘추시대 300년 동안은 무려 서른여섯 명의 군주가 신하의 손에 시해당하는 하극상이 연출되었다. 대외적으로는 수백 년간 종주국을 자처한 주나라가 힘없이 무너지면서, 그를 받들던 제후국들이 중원의 패자가 되려는 야욕을 품고 하루가 멀다 하고 전쟁을 벌였다. 또 대내적으로는 각 나라의 법과 질서가 심하게 훼손되어 세도가 귀족과 제후조차 자신들이 수족같이 부리던 무장 호위병들에게 생명을 의탁해야 했다. 자기 자신의 권모술수 외에는 아무것도 믿을 수 없는 시대였던 것이다.

한편 백성들은 버거운 세금을 바쳐가며 귀족들의 사치와 향락에 소모되는 비용을 충당해야 했고, 군수물자와 군량을 조달한다는 명목으로 온갖 착취에 희생되어야 했다. 『맹자』「양혜왕」 상편에서는 이 시대를 다음과 같이 이야기하고 있다.

> "임금은 '어떻게 하면 내 집안에 이롭게 할 수 있을까?'라고 하고, 선비와 일반 백성들은 '어떻게 하면 내 몸에 이롭게 할 수 있을까?'라고 하며 상하가 서로 이익을 다투면 곧 나라가 위태로워지나니." [맹자, 박경환 역(2012), 『맹자』, 홍익출판사, 68쪽]

맹자가 "춘추시대에 정의를 위한 전쟁은 없었다" (『맹자』「진심」 하편) 라고 한 말이 맞다. 공평과 정의는 전쟁의 회오리바람에 휩쓸려 오래전 실종되었다. 한마디로 이들이 살아가는 세상은 도무지 믿을 게 없었다.

인간에게 이보다 더 큰 불행이 있을까? 최정예 호위무사로 무장한 귀족의 생명도 파리 목숨처럼 여겨지고, 백성들은 가혹한 수탈과 반복되는 전쟁을 견디다 못해 대대로 지켜온 삶의 터전을 등지던 시대였으니, 사람에 대한 믿음 또한 송두리째 앗아갔다.

바로 이때였다. 아무도 주목하지 않던, 아니 삶의 갈피갈피를 들여다보면 그가 언명한 덕에 관한 가르침과 그 권위가 의심스러워질 만한 인물이 등장한다. 다름 아닌 공자다.

고금을 막론하고 전 세계가 으뜸가는 학자로 떠받드는 공자는 어떻게 출생했을까?

70세가 다 된 남자가 후사를 얻겠다고 기도하러 산에 올라가서 어느 여자와 눈이 맞아 잠자리를 함께하고 낳은 아이가 바로 공자다. 공자의 어머니는 공자의 아버지 숙량흘의 세 번째 아내였다. 엄밀히 따지면 정식 아내도 아니다. 당시 예법상 아내로 인정받기에는 너무 어린 나이였다. 갓 15세를 넘은 소녀가 50년 이상 나이 차이가 나는 늙은이와 동침한 것이다. 고 신영복 선생에 따르면 공자의 어머니는 무녀였다. 즉 공자는 무당의 아들이라는 말이다.

한 저명한 학자가 더 살기 좋은 세상을 만드는 방법을 평생 탐구했다고 하자. 걸출한 지혜를 보유한 선각자로 인정받으며, 사람은 자기 이름값을 하며 살아야 한다고 전국을 누비며 가르친 스승이 있다. 그런데 어느 날 드러난 그의 과거가 공자와 같다면 그를 존경해 마지않던 통치자와 정치가, 일반 백성은 어떤 생각을 하게 될까?

그러나 통념과는 달리, 공자의 수치스러운 출생 배경은 그를 혼탁한 연못에서 피어오르는 한 줄기 연꽃으로 만들어준다.

공자는 "춘추시대라서 살기 힘든 것이 아니라, 진짜 문제는 다른 데 있다!"라고 외쳤다. 역경을 이긴 그에게서 우러나오는 진실에 세상은 말없이 설득을 당했다. 그리고 그는 지금도 여전히 인간은 어떻게 살아야 하는가를, 끊임없이 이어지는 세대 앞에 증언하고 있다.

군자를 지향하는 삶,
"아침에 도를 들으면 저녁에 죽어도 좋다"

공자는 춘추시대 말엽의 인물이다. 공자의 가정과 가문의 내력뿐 아니라 그의 고국 노나라의 정황 또한 무기력과 혼돈의 연속이었다.

공자는 무사이자 추읍의 대부를 지낸 아버지 숙량흘과 어머니 안징재 사이에서 태어났다. 그 당시 양가의 합의를 거칠 수 없는 결혼을 야합이라 불렀는데, 바로 공자의 부모가 그런 불미스러운 관계였다.

그의 아버지는 이구산尼丘山에서 공자의 어머니와 함께 건강한 아들을 낳게 해 달라고 기도를 올렸다고 한다. 이를 미루어 짐작하면 공자가 무녀의 아들이라는 설도 어느 정도 일리가 있어 보인다. 그의 아버지는 공자의 이름을 '구丘'라고 지었다. 산에서 기도를 드리다 낳았기 때문에 '언덕'을 뜻하는 이름을 붙인 것이다.

공자의 아버지는 그가 겨우 세 살 때 죽음을 맞았다. 그는 본부인이 낳은 딸 아홉과 두 번째 아내가 낳은 장애를 가진 아들을 포함하여 대가족을 남겨놓았다. 막 열여덟을 넘기고 아들까지 딸린 공자의 어머

니가 그런 상황을 감당하기는 역부족이었다. 그녀는 이후 어린 공자를 데리고 고향을 떠나 노나라 수도 곡부로 이사를 하지만 그곳에서도 역시 모자는 하루하루 먹고살기 힘든 시기를 보낸다. 그리고 공자의 나이 열일곱 살 때, 그나마 의지하던 어머니마저 세상을 떠난다.

천애의 고아가 된 공자는 낮에는 생계를 위해 허드렛일을 하고 밤에는 글공부를 하는 주경야독의 생활을 이어갔다. 공자는 유가 학파의 창시자나 다름없는데, 유가儒家는 당시 제사나 예식을 담당한 관리를 가리킨다. 공자의 가문도 대대로 '유儒'에 종사했다. 그렇게 공자는 고달픈 삶 속에서도 예악禮樂의 지식을 쌓아갔다. 그가 주나라의 통치이념으로 예와 악을 유독 강조한 이유가 거기 있을 것이다.

『논어』「자한」편에는 다음과 같은 기록이 있다.

"나는 어려서 비천하였으므로 비천한 기예에 두루 능하게 되었다" [박삼수(2013), 『논어 읽기』, 세창미디어, 29~30쪽]

키가 2미터 넘는 장신이었던 공자는 사람들 눈에 잘 띄었다. 공자가 대략 서른 살이 넘었을 때 그의 가르침을 구하는 제자들이 속속 모여들었다. 이렇게 사학私學 공동체를 형성한 사람들이 안회의 아버지 안로, 증자의 아버지 증점, 자로, 백우, 염유, 자공 등이다.

공동체의 규모가 차츰 커지면서 공자는 학문적으로 명성을 얻고, 대중으로부터 폭넓은 존경을 받게 된다. 이후 공자는 52세 나이로 지금의 건설부 장관과 사법부 장관 자리에 오르면서 현실정치에 참여하게 된다. 하지만 막강한 권력을 가진 대부였던 계손 씨, 숙손 씨, 맹손 씨의 집안이 노나라의 기강을 뒤흔드는 현실 속에서 공자는 제대로 뜻을 펼칠 수 없었다.

결국 그는 기원전 497년, 55세가 되던 해에 여러 나라를 떠도는 주유열국(周遊列國)에 들어갔다. 송나라에서는 무관인 환퇴의 지나친 사치를 비판하다가 살해 위협을 받아 변복을 하고는 간신히 도망치는 일도 있었다. 그 과정에서 어떤 사람이 공자의 행색을 보고 '마치 상갓집 개'와 같다고 할 정도로 당시 상황은 급박했다. 한번은 진나라와 채나라 접경에서 두 나라에 포위당한 채 식량이 떨어져 일행 모두가 몸을 가누지 못할 정도로 탈진하는 일도 발생했다.

기원전 483년 공자는 14년간의 주유열국을 마치고 노나라로 돌아왔다. 이미 68세 노인이 된 그는 공자학숙을 세우고, 제자들을 가르치며, 저술활동에 전념했다. 증삼, 자하, 자장, 공서적, 번지 등이 노년에 얻은 제자들이다.

그러나 주유열국을 마치고 돌아오기 전해에 아내 기관 씨가 죽고, 바로 다음 해에 아들 공리가 세상을 떠났다. 여기에 그치지 않고 공

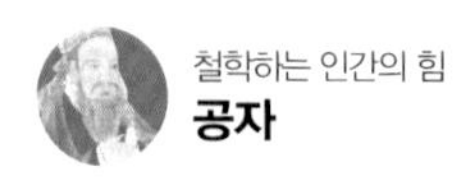

자의 나이 71세에 그가 그렇게 아끼던 제자 안회가 죽는다. 안회가 죽었을 때 공자는 이성을 잃고 통곡했다고 전한다. 부인과 아들, 사랑하는 제자를 떠나보낸 공자는 충격을 받아서인지 2년 뒤인 기원전 479년, 73세의 나이로 생을 마감한다.

어떤 기록에는 공자의 제자와 문하생이 3000명에 이르렀다고 한다. 춘추시대 후기 중국 인구가 1000만 명 정도였음을 감안한다면, 3만 명 중 한 명꼴로 공자에게서 배운 것이다. 공자의 가르침이 중국 대륙에 지대한 영향을 미쳤다는 의미다. 하지만 그의 일생을 연구한 또 다른 어떤 학자는 제자의 수가 크게 과장되었다는 의견을 피력한다. 왜냐하면 『논어』에 거의 확실한 제자의 이름은 스물두 명뿐이기 때문이다. 『맹자』에는 두 명이 더 언급되어 있다.

이 두 가지 해석 모두 나름의 근거가 있다. 그러나 공자를 신격화하기보다 그의 가르침이 미친 영향에 초점을 맞추면, 후자의 주장이 좀 더 일리 있어 보인다. 게다가 공자가 상갓집 개와 같은 모습으로 거리를 배회했다거나 군대에 포위되어 굶어 죽을 지경이 되었다는 얘기를 참고하면, 그의 제자가 진짜 수천 명이었다는 주장은 무리가 있어 보인다. 그랬다면 그가 어느 나라에서 위급한 순간을 맞았든 제자들이 그를 도왔을 테니까 말이다.

어쨌든 3만 명당 한 명의 중국인이 공자를 추종한 게 사실이라면 놀라운 일임에 틀림없다. 하지만 참신한 학설이나 가르침을 통해 숱한 제자를 끌어 모은 이는 동서양에 많았다. 그런데 만약 제자가 20여 명뿐이었다면? 수백 년간 계속된 대혼돈으로 모두가 짙은 절망감에 취한 시대에 소수의 제자들이 흩어져 공자의 가르침을 전하고, 인간과 삶에 대한 새로운 가치체계로 중국 전역을 뒤흔들었다면? 그것이야말로 정말 경이로운 일일 것이다.

안타깝게도 공자는 자신과 제자들이 땀 흘려 일군 결실을 생전에 맛보지 못했다. 최악의 환경에서 묵묵히 최선을 다하여 훗날 존경과 찬사를 한 몸에 받기에 이르렀다는, 우리에게 익숙한 성공담과는 다르다.

공자는 마치 롤러코스터를 탄 것처럼
어느 순간 생의 정점을 향해 치고 올라갔다가
바닥으로 고꾸라지며 등락을 거듭하는 인생을 살았다.
참고 기다리면 모든 걸 보상받을 때가 올 줄 알았는데
그날은 오지 않았던 것이다.

말년에 이르기까지 공자의 삶을 가로지른 씨줄과 날줄은 어찌하여 그렇게 한결같이 꼬이기만 했을까?

공자는 거대한 운명의 힘이 지배하는 세상 앞에서 그저 초라하게 주저앉아 있을 것인지 우리에게 도전적인 물음표를 던진다. 타인의 평가에 의해 일희일비하지 말라, 나를 알아주지 않는다고 한탄하거나 하늘을 원망하지 말라. 오히려 내가 이 상황에서 할 수 있는 일이 무엇인가를 고민해야 한다. 공자 사후 그의 제자들은 스승의 지난했던 삶이 남긴 강력한 교훈을 깨닫고 글로 남긴다.

『논어』의 시작부는 다음과 같다.

"배우고 때때로 익히니 어찌 기쁘지 아니하랴 (중략) 사람들이 알아주지 않아도 노여워하지 않으니 어찌 군자가 아니겠느냐" [박성규(2005), 『공자 논어』, 『철학사상』 별책 15권 1호, 서울대학교철학사상연구소, ⅰ~ⅱ]

그리고 『논어』는 이렇게 끝을 맺는다.

"소명을 모르면 군자가 될 수 없다.(하략)" [박성규(2005), 『공자 논어』, 『철학사상』 별책 15권 1호, 서울대학교철학사상연구소, ⅰ~ⅱ]

『논어』를 관통하는 공자의 가르침은 이 두 부분만 보아도 명백히 알 수 있다. 공자의 인생이 말해주듯이 다 좋은 세상은 현실에 존재하지 않는다. 그럼에도 군자를 지향하는 삶에는 항상 변함없는 기쁨과 즐거움이 있다. 배움을 통해 매일 새로워지는 자는 어떤 좌절이 닥쳐도 오늘보다 '더 살기 좋은 세상'을 꿈꿀 자유와 힘을 얻는다. 그렇다면 공자가 고대하던 세상은 과연 어떤 모습이었을까?

공자가 생각한
이상적 인간상과 최선의 리더십

『논어』에서는 군자와 소인이 계속 비교선상에 놓인다. 공자의 사상을 이해하는 데 있어 그만큼 군자(최선의 리더십)는 중요하다. 어느 시대, 어느 국가나 리더십을 양성하는 일에 관심을 기울이기 마련이고, 춘추시대도 그 점은 다를 바 없었다. 그리고 일반적으로 교육과 제도는 사람을 변화시키는 주요 도구로 간주되었다. 다시 말해 군자를 양성하려면 최고의 시스템을 갖추어야 한다는 것이다.

춘추시대 이전, 왕실 중심의 질서와 평화가 유지되던 서주西周시대는 이 '시스템' 측면에서 독보적이었다. 고대 국가인 주나라는 학교 시스템을 체계적으로 구축하였고, 각급 학교를 토대로 한 교육활동이 활발했다. 당시의 교육 대상은 귀족 가문의 자제였고, 교육 내용은 예禮가 주를 이루었다.

서주시대였던 기원전 1046년부터 기원전 770년 동주東周시대가 열리기까지 봉건제의 뼈대를 이루는 군신상하의 관계는 철저히 '예'로서 지켜졌다. 주 왕조는 전담 관리를 두어 문헌과 서적을 관리하고,

교육 및 학술 전문가를 양성하는 등 학문을 통한 체제 유지에 박차를 가했다.

하지만 예상하지 못한 외부의 침략과 탐욕과 오만에 물든 왕의 폭정이 맞물리면서 나라의 기강이 점차 약화되었다. 완벽하다던 제도와 전통이 어찌 그토록 허무하게 무너졌을까?

기원전 770년, 동주시대가 열리면서 주나라를 섬기던 제후와 대부들은 차기 패권을 놓고 전쟁에 열을 올렸다.

당대의 베스트셀러를 보면 시대의 흐름을 읽을 수 있는데, 기원전 6세기에 편찬되어 동서고금을 통해 최고의 군사 고전으로 평가받는 손무의 『손자병법』이 한 예다. 당시 제후와 대부들은 왜 군사 고전에 열광했을까?

이유는 간단하다. 서주시대에는 통치자가 효과적으로 나라를 다스리고 당대의 풍요와 번영을 유지하기 위해 교육을 필요로 했다. 하지만 동주시대 들어 주나라가 쇠락의 길을 걸으면서, 이전과는 달리 목숨을 지키기 위한 전술이 새로이 요구되었던 것이다.

손자병법은 제나라 사람 손무가 기원전 1100년대부터 기원전 600년대에 걸쳐 쓰인 각종 저서와 승리를 위한 전법을 총망라하여 정리 기술한 책이다. 당시 이 병법서는 자기 안위를 보장받고자 했던 기득권층의 필독서로 인기를 끌었다.

"예禮는 인仁의 형식이다."

주나라는 백성에게 풍요를 약속하는 정치공약이자 통치이념으로서 예악에 기초한 교육을 표방했다. 일찍이 완비된 우수한 교육제도가 번영과 행복을 가져다줄 줄 알았지만 시간이 흐르면서 모든 게 어그러졌다.

왜 이런 일이 벌어진 걸까? 주나라는 자국보다 열 배나 큰 은나라를 멸망시킨 뒤 약 700년간 중원의 패자로 군림하고 있었다. 집권 초기 주 왕조는 은나라 침략을 합리화하고 국가의 정통성을 확보하기 위해 천명론(하늘이 명을 바꾸다)과 봉건제도, 예악禮樂을 도입했다. 백성을 위해서라기보다 그들을 교화하여 집권층의 권력을 공고히 하려고 정치·교육제도를 창안한 것이다.

공자는 '예禮'를 '인仁'의 형식이라고 말했다. 공자 사상의 핵심 개념으로 거론되는 인은 한마디로 애인愛人, 사람을 사랑하는 것이다. 그는 인을 바탕으로 성립된 제도만이 인간을 진정으로 변화, 발전시킨다고 설파했다. 외양적으로 아무리 완벽해도 내용(바탕), 곧 '인'이 없이 형식만 남은 제도로는 사람을 내면으로부터 변화시킬 수 없다고 보았다.

인간의 존엄성 그리고 평등과 덕을 추구하는
올바른 취지에서 출발하지 않는 시스템은
어느 때고 무너지게 되어 있다.

주나라는 예악에 기초하여 체계적인 공교육제도를 수립했고, 그 덕분에 학문 연구도 수준급에 올랐다. 그러나 교육과 정치시스템이 출발부터 잘못 설계되었으므로 내부적 갈등과 다툼을 막을 수 없었고, 그러다 파국을 맞은 것이다.

이에 공자는 깊은 고민에 빠져들었다.

"통치자의 입맛에 맞게 제도화된 교육이 인간을 바꿀 수 없다면?"

"한 국가나 시대의 현실적 필요에 따라 양산된 인재들이 그 지식과 기술로 세상을 변화시킬 수 없다면 과연 어떻게 해야 도탄에 빠진 백성을 구원할 수 있을까?"

공자는 숙고에 숙고를 거듭하여 다음과 같은 해법을 찾아냈다.

"진정한 정치적·사회적 개혁은 군자의 마음가짐에서 비롯된다. 군

자가 인과 예의 마음을 갈고 닦으면, 아랫사람들은 기꺼이 그를 따를 것이다. 사회의 지도층이 공의롭고 덕을 숭상하며 사랑과 관용으로 백성을 감싸 안으면 불안과 다툼 대신 평화가 도래한다."

여기서 '군자'란 최선의 리더십을 가리킨다. 진실한 마음을 바탕으로 예를 갖춰야 군자다. 공자의 동시대인들이 생각하는 군자(최고의 리더십)와 『논어』에서 언급한 군자(최선의 리더십)는 속뜻이 판이하게 다르다.

춘추시대의 군자가 정치적이고 사회적인 통치자 직분을 의미한 반면, 공자가 말한 군자는 국가와 사회의 이익을 우선시하는 도덕적인 인물이다. 즉 정치적·사회적 신분이 어떠하든지 먼저 사회와 나라 전체의 이익에 관심을 가진 자라면 군자라고 보았던 것이다.

이와 달리 자기 자신의 이익에 연연하는 사람은 소인(최악의 리더십)이라고 칭했다. 우리가 기억해야 할 중요한 메시지가 바로 이 부분에 함축되어 있다. 만일 정치·사회적으로 중요한 요직에 앉은 자가 사리사욕만 추구한다면 그는 '소인'이다.

『논어』「학이」편 제1장을 읽으면 군자의 특징을 구구절절 설명하지 않아도 금방 파악할 수 있다.

"배우고 때때로 익히니 어찌 기쁘지 아니하랴學而時習之 不亦說乎 (중략) 사람들이 알아주지 않아도 노여워하지 않으니 어찌 군자가 아니겠느냐人不知而不慍 不亦君子乎." [박성규(2005), 『공자 논어』, 『철학사상』 별책 15권 1호, 서울대학교철학사상연구소, i ~ ii]

군자가 아닌 소인은 스스로도 '기쁨'이 없을뿐더러, 주위에 있는 사람과 '즐거움'을 나눌 수도 없다.

춘추시대 귀족들의 삶이 그랬다. 그들은 늘 불안했다. 서로를 불신했기에 같은 파벌끼리도 경계를 늦추지 않았다. 나는 새도 떨어뜨릴 만한 권력, 탄탄한 정치적·사회적 입지도 언제 무너질지 모르는 모래성일 따름이었다. 그래서 군자를 자칭하던 당대의 정치인들 또한 공자의 진단에 따르면 소인에 불과했다. 즉 개혁과 변화의 대상인 것이다. 공자는 이제라도 정치인들이 이름값을 해야 한다고 역설했다

바른 판단력은 군자(최선의 리더십)가 되는 데 매우 중요한 덕목이다. 『논어』「이인」편을 보면 이런 내용이 있다.

"군자는 세상만사에 대하여 무조건 된다(좋다)거나 무조건 안 된다(그르다)는 태도를 버리고, 오직 의리에 비교하여 판단한다." [박성규(2005), 『공자 논어』, 『철학사상』 별책 15권 1호, 서울대학교철학사상연구소, i ~ ii]

군자는 판단의 기준이 의리에 있다. 보통 의리라고 하면 각별한 사이나 나와 마음이 통하는 친구 사이의 도리 정도로 생각하는 경우가 많다. 그러나 공자가 언급한 의리는 그 깊이와 차원이 다르다. 이를 잘 설명하는 구절이 『논어』 「자로」편에 나온다.

"군자는 다른 사람의 의견에 잘 화합(조화)하지만 부화뇌동하지 않고, 소인은 다른 사람의 의견에 부화뇌동하지만 잘 화합(조화)하지 않는다."

[박남수(2013), 『논어 읽기』, 세창미디어, 69쪽]

군자는 화이부동和而不同하며, 소인은 동이불화同而不和한다. 군자는 의견의 대립이나 갈등이 있어도 상대방과의 화합을 최종 목표로 삼는 태도를 일관되게 견지한다. 그러므로 인간관계에 있어 상대가 내게 은혜를 베풀든 해를 끼치든 괘념치 않는다. 그의 결점이나 잘못을 들추어내어 함부로 조언하거나 판단하지도 않는다.

반면 소인은 의롭게 살거나 좋은 관계를 유지하는 데 아무 관심이 없다. 이익이 되기만 한다면 얼마든지 자신의 본심과 판단을 숨기고 기회주의적으로 행동한다. 그에게 득이 되는 사람은 옳고 그름을 따지지 않고 돕고 감싸준다. 혹여 그 사람 탓에 다른 이가 해를 입더라도 흔쾌히 눈감아줄 뿐 아니라 수단과 방법을 가리지 않고 목표를 성취하도록 적극 지원한다. 그래야 내가 덕을 보기 때문이다. 또 소인은 그와 다른 생각을 품거나 해가 되는 사람들을 무조건 비판하고 반대한다.

소인의 됨됨이가 뚜렷이 보이는가? 그는 자신에게 이익이 안 되거나 자신을 배신하거나 자기 편에 서지 않은 사람에게 악감정과 원한을 품고 차갑게 등을 돌린다. 용서와 포용은 그의 사전에 없다. 매사에 손익을 계산하고 남이 은혜를 끼치는지, 손해를 끼치는지 면밀히 살피니 다른 사람을 대하는 그의 태도가 절대로 한결같을 수 없다. 그러니 종국에는 아무도 그 주변에 남지 않는다.

소인은 무원고립을 자처하는 어리석은 자다. 상대적으로 군자는 변함없이 의리를 지킨다. 개인의 좋고 싫음이나 선입관에 얽매이지 않고, 무엇이 옳고 그른지를 분별하여 이치에 합당하게 행동하고자 한다. 인간관계에서 늘 화해와 상생을 도모한다. 군자의 주변에 좋은 사람들이 넘쳐나는 것은 당연지사다.

공자는 교육이 인격의 감화를 목적으로 삼아야 한다고 주장했다. 교육이 성공을 위한 방편으로 전락해서는 안 될 일이라는 것이다.

『논어』「학이」편에서 공자는 '학즉불고學則不固'라 했다. 곧 배우면 완고하지 않게 된다는 뜻이다.

제대로 배운 자는
능히 자기 경험의 울타리를 벗어난다.

그래서 군자의 마음은 인간과 세상을 향해 활짝 열려 있다. 내가 통제할 수 없는, 시시각각 변화하는 삶의 모든 순간을 두 팔을 벌려 맞이한다. 그는 모든 사람과 모든 상황으로부터 배울 준비가 되어 있다.

그리고 군자는 만나는 이마다 진실한 마음으로 사랑하고, 그와 소통하며, 그가 올바른 방향道을 찾아 삶을 새롭게 시작하도록 돕기 위해 공부에 정진한다. 이는 곧바로 '도道'와 연결된다.

공자 이전의 초기 문헌에 가장 많이 나오는 '도'의 의미는 우리가 아는 '길way'과 같다. 더불어 '도'는 안내를 뜻하는 '인도하다', '말하다'의 용법으로 쓰이거나 '행동 지침'을 의미했다. 공자 이전에는 이 단어가 절대적 기준을 의미하는 용법으로 사용된 적이 없다.

공자가 생각하는 '도'는 개인과 국가가 예외 없이 따라야 하는 도덕적 행동 혹은 통치의 방식이며, 더 좋은 세상을 구현하는 방법이다. 이 점에서 그의 '도'는 단순히 불의를 행하지 않는 소극적 수준에 그치지 않고, 때로 위험한 행동을 요구한다.

공자가 '도道'라는 단어를 새삼 부각한 이유는 분명하다. **춘추전국 시대는 기존의 전통과 법질서가 붕괴된 도덕적 진공상태이므로, '도'가 본래의 의미를 되찾고 혼미한 세상의 중심축 역할을 담당해야** 했던 것이다.

해가 갈수록 혼란이 가중되던 무법천하에서 순종과 의무를 강요함으로써 피통치자를 움직이는 통치방식은 더는 효과가 없었다. 과거 주나라의 엘리트들은 예악의 원리로 사람을 다스려야 한다는 논리를 400년이 넘도록 주입받았다. 그렇게 선배 정치인과 유명 인사들의 성공 사례를 좇아가면 모든 게 순리대로 풀릴 줄 알았다. 그러나 그들이 의지한 지배이념은 차츰 힘을 잃었고 본래 의도한 법과 도덕, 평화가 지배하는 세상을 만들기는커녕 기득권 계층의 삶조차 지탱할 수 없는 상황을 초래했다.

이렇게 벼랑 끝에 몰린 정치인과 귀족을 공자가 일일이 찾아간다. 진흙탕 같은 혼탁한 시대의 물결에 퇴색된 '도'의 진정한 의미를 전하기 위해서다. 공자는 성실, 정의, 공경, 친절 등을 아우르는 차원 높은 덕인 '도'를 제후 및 대부들의 삶과 정치 현장에 되살리고자 여러 나라를 다니며 그들을 만났다.

공자가 말한 절대적 기준으로서의 '도'는 법률보다 항구적 행동규범으로 선을 권하되 상벌을 약속하지 않는다. 올바른 행위를 하는 궁극의 목적이 '이익'이 아니라 '도에 순응하는 것' 자체인 사람, 이것이 공자와 같은 지혜자(철학자)가 그린 참된 인간상인 것이다.

그가 주창한 교육은 미래의 동량들이 특정 분야에서 최고의 실력을 갖추도록 훈련하는 게 아니라, '도'를 행하는 군자로 성장하여 최선의 삶, 최상의 덕을 추구하는 인생을 살도록 하는 것이다. 공자는 정치 리더들을 향해 『논어』「위정」편에서 이렇게 말한다.

> "덕으로 정치하는 것은, 비유하자면 중성공지衆星共之, 곧 북극성은 제자리에 있고 모든 별들이 그를 받들며 따르는 것과 같다." [김형찬 역(2012), 『논어』, 홍익출판사, 35쪽]

중국어에서 덕德은 '알맞다' 또는 '기꺼이 화해하다'라는 뜻도 지닌다. 사람들은 덕 있는 자, 즉 남을 이용하거나 적대시하지 않고 관대한 사랑을 베푸는 자의 날개 아래 모이기 마련이다. 그는 세파에 시달리고 상처 입은 인생들에게 화해와 상생으로 가는 길道이 되기 때문이다. 이것이 리더십의 요체다.

우리는 그리스 신화 속 이카루스가 다다르려 했던 더 높은 곳, 더 높은 지위, 더 높은 명예를 원하고 있는 것은 아닐까? 아니면 그것을 소유한 구원자를 고대하는 건 아닐까?

하지만 우리는 이미 알고 있다. 우리가 정녕 염원하는 것은 '최선,' 즉 가장 선한 길을 우리에게 제시할 군자라는 사실을…….

인仁의 사상

『논어』에는 '인'이 등장할 때마다 거의 항상 이 물음이 따라 나온다. "사람다움이란 무엇인가?" 달리 말하면, 사람다움이 겉으로 표현되는 방식이 인이라는 것이다.

인仁은 효孝, 충忠, 지혜智, 용기勇, 예禮, 공손함恭 등 모든 덕목을 포괄하는 완전한 덕全德을 지칭한다. 또 '인'이란 옳고 그름을 따져서 사람을 사랑하는 것이다. 그러므로 '인'은 무엇이 옳은지, 무엇이 잘못됐는지 판단할 능력을 요하고, 바른 분별을 위해서는 사람을 사랑하는 마음(『논어』「안연」편 12~22)이 필히 수반되어야 한다.

공자가 살던 시대에도
사람 같지 않은 사람이 적지 않았다.
공자는 그중 두 부류를 특히 경계하라고 말했다.

첫 번째는 돈 버는 일을 가장 우선시하는 사람으로, 이런 유형은 주위 사람들의 형편에 전혀 아랑곳하지 않는다.

두 번째는 자신의 정치적·사회적 지위에 전혀 어울리지 않는 사람이다. 주로 부모 덕분에 지도자가 된 경우에 해당한다.

부모가 자녀를 고생시키지 않으려고 자신의 명예와 부를 동원해 무조건 좋은 자리에 앉히는 것은 사람답지 않은 사람을 만드는 일이다. 약 2000년이 넘는 어마어마한 시간적 괴리에도 불구하고, 여전히 나와 내 가족의 부유와 행복에만 전전긍긍하는 씁쓸한 인간사가 거듭되고 있다.

"인은 효, 충, 지혜, 용기, 예, 공손함 등
모든 덕목을 포괄하는 완전한 덕全德을 지칭한다."

재화의 양이 한정된 상황에서 남보다 많이 가지려면 수단과 방법을 가리지 않고 다른 이의 소유물을 빼앗아야 한다. 이 점에서 부는 부가가치의 증대보다 물질의 공간적 이동에 가까우며, 탐욕을 만족시키기 위한 음모와 갈등을 끊임없이 양산한다. 우리는 안정과 풍요의 술에 취해 어느샌가 '사람다움'을 잊은 것이 아닐까?

욕망은 마시면 마실수록 목마른 바닷물 같아서 그것을 채우려고 하는 자의 영혼을 피폐하게 만든다. 게다가 인간답지 못한 방식으로 획득한 나의 풍요는 남에게 지울 수 없는 슬픔과 분노의 상흔을 남기고, 심지어 삶의 희망을 포기하게 하는 무서운 결과를 낳는다.

사람들이 '인', 곧 인간다움을 저버린 현실은 마땅히 존경해야 할 정치·사회 분야의 리더, 교사, 부모의 권위가 땅에 떨어진 것만 봐도 알 수 있다.

과거와 비교할 수 없을 만큼 탁월한 시스템에서 도덕과 윤리를 배우는 요즘 아이들과 젊은이들에게서 권위자에 대한 기본적 예의조차 찾아보기 힘든 것은 왜일까? 그것은 아마도 우리 어른들이 그들의 본바탕에 사람을 아끼는 '예'의 싹이 깊이 뿌리내리도록 교육하지 못했기 때문일 것이다.

아이들은 자라는 동안 윗사람의 도덕적 실수와 실패를 반복적으로 경험한다. 그들이 책에서 배워 마음에 아로새긴 '인'의 형상이 도리를 따라 살지 않는 어른들의 모순된 현실에 의해 산산조각이 나는 것이다.

저렇게 정의로운 사람이 정치를 하면 좋은 세상이 올 거라고 믿었는데, 그 또한 불의하고 부당한 리더십으로 사회의 약자들을 억누른다. 너무 존경스러운 선생님이라고 여겼는데 알면 알수록 실망스럽다. 늘 바르게 살라고 훈계하는 부모가 정작 자신은 세상과 적당히 타협하고 거짓말을 일삼는다.

이런 일련의 경험을 거치며 아이들과 젊은이들은 윗사람을 공경하는 마음을 잃고, 나의 이익이나 관계의 평화를 위해 형식적으로 예를 갖추는 태도만이 몸에 밴다. 진심으로 상대를 사랑하는 '인'의 마음을 갈고 닦아 권위자에 대한 상처가 회복되고 속사람이 변화될 기회를 갖지 못하기 때문이다.

『논어』「자로」편에는 번지가 공자에게 "인이란 무엇입니까?"라고 묻는 장면이 나온다. 공자는 이렇게 답한다.

> "평소에 지낼 때(생활)는 공경스럽게, 일을 할 때(업무)는 경건하며, 사람을 대할 때(남과 어울릴 때)는 진심(忠)으로 대해야 하는 것이니, 그러면 무도한 야만의 나라에서도 버림받지 않을 것이다" [풍우란, 박성규 역 (1999), 『중국철학사 상』, 까치, 123~124쪽]

누군가에게 버림받는 것만큼 힘든 경험이 어디 있을까?

경제적인 문제, 가족 간의 불화, 대화의 부재, 권력과 명예의 상실,

사랑하는 사람과의 이별 등 우리가 인생을 살면서 겪는 문제는 종류도 가지가지다. 그 가운데 다른 사람이나 사회로부터 소외되는 것도 한 인간의 생사를 좌우할 만큼 심각한 고통을 빚어낸다.

사실 우리는 타인에게 버림받지 않으려고 사랑받으려고 피땀 흘려 부를 축적하고, 권력과 지위를 탐하는 것이 아닌가? 그런데 공자는 세상에서 버려지지 않으려면 세 가지 '인', 세 가지 사람다움을 소중히 간직해야 한다고 조언한다.

먼저 일상에서 만나는 모든 사람을 공경하는 사람은 어떤 상황에서도 버림받지 않는다. 내가 보기에 별 볼일 없는 사람은 함부로 대하고, 권력과 명예가 있는 사람에게는 예의 바르고 존경 어린 태도로 대하는 기회주의적인 자는 언젠가 그 대가를 고스란히 치르기 마련이다. 그가 인정받고 싶어하는 누군가가 자신을 아무렇게나 대하고 소외시키는 뼈아픈 경험을 하게 되는 것이다. 우리는 부유하든 가난하든, 사회적 지위 고하를 막론하고 모든 사람을 존중해야 한다.

공자는 또 일을 할 때는 경건하게 하라고 일렀다. 일과 '경건함'은 얼핏 관련 짓기가 어려운 말처럼 느껴질 것이다. 그리스어에서 이 말은 신을 존경하고 두려워하는 마음으로 대하는 것을 의미한다. 히브리어로는 '경외'인데, 하나님을 두려워하는 마음으로 사랑하는 것이다.

유대인 철학자 레비나스는 '타자의 얼굴'을 이야기하면서 아주 의미심장한 교훈을 던진다. 타자의 얼굴 속에 신의 얼굴이 있다고 생각하라는 것이다. 이를 에피파니Epiphany라고 하는데, 곧 신의 현현(나타남)이다.

우리는 내 앞에 있는 사람을 대할 때 신이 나타난 것처럼 대해야 한다. 이를 일에 적용하면, 일을 경건하게 한다는 것은 신이 내게 중대한 일을 맡겼다고 여기고 그 일에 최선을 다해 임하는 것이다.

공자는 인에 대해 번지에게 답하면서 마지막으로 사람을 진심으로 대하라고 조언한다. 그는 어떤 태도를 염두에 둔 것일까? 이에 가장 적합한 사례는 성서에 기록된 황금률일 것이다.

"무엇이든지 남에게 대접을 받고자 하는 대로 너희도 남을 대접하라."
[마태복음 7:12]

이런 마음으로 사람을 대하는데 어떻게 진심을 다하지 않을 수 있을까! 나에게 한다고 생각하고 남을 대하면 무엇을 하든 저절로 충忠, 즉 마음의 중심을 다 쏟아 행하게 된다. 황금률은 우리가 도저히 실천할 수 없는 먼 나라 얘기가 아니다. 이를테면 할머니가 길을 물을 때 귀찮아하며 "잘 몰라요"라고 대꾸하지 않고, 휴대폰 지도를 찾아가며 행선지까지 할머니를 모셔다드리는 것이 남에게 진심을 다하는

황금률이다.

공자는 『논어』 「옹야」편에서 "자신이 원하는 것을 미루어서 남이 원하는 것을 이해하는 것"이라고 했으니 인은 황금률의 공자적 해석이라고도 할 수 있다. 더불어 인은 남에게 하지 말아야 할 것을 하지 않는 '윤리'와도 맥을 같이한다. 결국 사람다운 사람, 타인을 존중하는 예의가 중심에서 우러나오는 사람, 사람들에게 사랑받는 사람이 되는 것은 '인'의 회복을 전제로 할 때만 가능하다.

타자의 얼굴 속에 신의 얼굴이 있다고 생각하라.

이름값을 하라

공자 시대의 사람들은 군·신·부·자의 신분질서가 확립되고 견고해지면 사회의 기강이 바로잡힐 것이라고 예상했다. 그러나 신분제를 중심으로 한 엄격한 봉건체제는 도덕의 문란과 사회적 불안을 잠재우지 못했다. 오히려 편법과 반칙이 횡행하는 '무도無道'의 시대가 도래했다. 왜 이런 일이 일어났을까?

공자는 '정명正名'하여야 비로소 원칙과 상식이 통하고 도道가 바로 선다고 보았다. 그러려면 불의를 저지르고 그에 대해 '정의'라고 이름하는 '부정명不正名'을 바로잡아야 한다.

『논어』「안연」편을 보면, 제나라 임금 경공이 정치를 묻자 공자는 이렇게 답한다.

"군군, 신신, 부부, 자자" [바오펑산, 이연도 역(2013), 『공자전』, 나무의철학, 133쪽]

"임금은 임금답고, 신하는 신하답고,
아버지는 아버지답고, 자식은 자식다워야 한다."

임금은 임금답고, 신하는 신하답고, 아버지는 아버지답고, 자식은 자식답게 되는 것이 공자가 생각한 정치의 본질이다. 이 말은 "윗물이 맑아야 아랫물이 맑다"라는 단순한 뜻일까? 또는 각자 자기 신분과 자리에 맞게 처신하면 사회 전체의 질서가 절로 회복된다는 의미일까? 둘 다 일리가 있지만, 『논어』 전체의 논지에서 볼 때 다소 아쉬운 해석이다.

공자는 작금의 정치적·사회적 무법상태가 윗사람들이 리더십을 상실한 탓이라며 전적으로 그들에게 책임을 전가한 것이 아니다. 그는 보수와 진보, 강자와 약자, 기성세대와 청년층 등 어느 한편을 지지하지 않는다. 공자는 사회 각계각층의 사람들에게 동시에 대안적 메시지를 전하고 싶어했다.

윗사람은 아랫사람을 착취하거나 억울하게 해서는 안 된다는 마음으로 매사 신중하게 행해야 한다. 권위 아래 있는 자들은 권위자를 원망하고 비방하느라 삶을 허비해서는 안 된다.

모든 이름은 그에 합당한 실實, 즉 내용을 갖출 때 진정한 의미를 지닌다. 예컨대 '왕'이라는 명名의 실은 유능한 통치력, 위기에 대처하는 판단력, 백성의 복리에 힘쓰는 일 등이다. 이 명과 실을 모두 갖출 때 명실공히 정명正名이 되는 것이다.

요즘 말로 하자면 대통령이 대통령다운 것이 정명이다. 그렇지 않으면 대통령이 아니다. 마찬가지로 우리는 누구나 'OO다워야 할' 의무가 있다. 기업에서 상사는 상사답고, 부하는 부하답고, 가정에서 부모와 자녀도 남이 어떻게 행동하는지보다 내가 내 자리에 걸맞게 살고 있는지를 우선 성찰해야 한다. 모든 것이 제 이름에 합당한 자리를 찾고 내실을 기하는 것, 이것이 공자가 역설한 정명론이다.

그런데 우리에게는 잘못된 생각과 판단으로 인해 제 자리를 벗어나 문제에 봉착하는 경우가 비일비재하다.

「위정」편에 이런 소절이 있다.

> "배우기만 하고 생각하지 않으면 막연하여 얻는 것이 없고, 생각만 하고 배우지 않으면 위태롭다" [공자, 김형찬 역(2012), 『논어』, 홍익출판사, 40쪽]

공자와 제자들이 진나라와 채나라 경계에서 포위당하여 몇날 며칠 밥도 못 먹고 병이 났을 때 제자들이 푸념을 늘어놓았다.

"우린 다 굶어 죽게 생겼습니다. 선생님이 일찍이 '좋은 일을 하는 사람은 하늘이 그에게 보답하고, 나쁜 일을 하는 사람은 그를 벌할 것이다'라고 하지 않으셨습니까? 그럼 선생님은 인덕과 지혜가 부족해서 오늘 같은 지경에 처하신 겁니까?" [우간린, 임대근 역(2014), 『어떻게 원하는 삶을 살 것인가』, 위즈덤하우스, 42쪽]

제자들이 의문을 품을 만도 하다. 사람들은 언젠가는 진실이 밝혀진다고 이야기한다. 착한 사람은 복을 받고 나쁜 사람은 천벌을 받는다고 말이다. **하지만 정말 그런가? 실상을 보면 오히려 악을 행한 사람이 아무 고충 없이 편안하게 지내는 것만 같다.** 반면 착한 사람은 온갖 누명과 불명예를 안고 그 자손까지 대를 이어 힘겹게 살기도 한다.

공자의 제자들은 인과응보의 법칙을 믿었기에 자신들이 덕과 지혜가 부족하여 하늘의 벌을 받고 있다고 생각했다. 이에 공자는 세계 4대 성인다운 면모로 인간과 생을 꿰뚫는 즉답을 내놓는다. 『논어』 「자한」편의 한 부분을 읽어보자.

"지금 처해 있는 상황이 어렵다는 것을 우리 모두가 알고 있다. 낙담과 원망, 상심은 다 정상적인 것이다. 하지만 우리는 더 높은 기준과 필요를 지켜야 한다. 송백처럼 풍상이 몰아치는 어려움을 견뎌야 한다. 심산유곡에서 나고 자란 난초는 알아주는 사람이 없다고 해서 향기를 발하지 않는 것이 아니다." [우간린, 임대근 역(2014), 『어떻게 원하는 삶을 살 것인가』, 위즈덤하우스, 45쪽]

어느 누구도 인생을 살면서 좌절과 실망을 비켜 갈 수 없다. 그것은 낯설고 이상한 게 아니다.

내가 저지른 잘못 때문에 받는 천벌은 더더욱 아니다. 공자는 삶을 추운 겨울에도 시들지 않는 송백나무에 비유했다. 인간이 자신의 참다운 이름값을 드러내는 시점은 견디기 힘든 고통을 겪고 있을 때다. 그때에야 비로소 그의 고귀한 본질이 드러난다.

공자의 말은 절벽에 선 한 그루 송백처럼 모진 풍파를 감내하는 이들에게 깊은 위로와 희망이 되었을 것이다. 부패하고 타락한 권력의 성채가 하늘을 찌를 듯 높이 솟아 있어 새로운 세상을 꿈꿀 수 없는 사람들에게 그는 칼과 방패보다 더 강력한 것이 있음을 암시한다. 붓과 책, 지식과 덕은 세상을 변화시키는 진정한 원동력이다. 올바른 태도와 교양을 지닌 자는 최선의 리더십을 갖춘 군자가 되어 세상을 바꿀 수 있다.

"인간이 자신의 참다운 이름값을 드러내는 시점은
견디기 힘든 고통을 겪고 있을 때다.
그때에야 비로소 그의 고귀한 본질이 드러난다."

말년의 공자는 '인'의 마음을 소유한 한 인간이 어떻게 세상을 움직이는지를 여실히 보여주었다.

공자는 기원전 483년, 14년간의 주유열국을 마치고 68세의 나이로 노나라로 돌아왔다. 그는 고국에 돌아오자마자 학숙, 곧 학교를 세워 제자들을 가르치며 저술활동에 전념했다. 그때부터 기원전 479년 77세의 나이로 일생을 마칠 때까지 공자는 후학 양성이라는 한 가지 일에 남은 생의 불꽃을 아낌없이 사른다.

지나온 날들도 순탄하지 않았지만, 이 시기에 공자는 특별히 개인적인 고난과 슬픔을 연이어 체험한다. 노나라에 돌아와 학숙을 세우기 한 해 전 아내인 기관 씨가 죽고, 바로 다음 해에 아들 공리가 세상을 떠난 것이다.

하늘을 원망하고 자신을 몰라준 세상을 원망할 만도 하지 않은가? 그러나 그는 자기연민의 유혹을 뒤로하고 학숙을 세워 제자를 가르치는 일에 매진했다. 하지만 그로부터 3년 후 공자가 71세 되던 해에 그가 무척 사랑하던 제자 안회와 자로가 죽는다. 이성을 잃을 정도로 통곡해야 했던 공자의 말년은 애처로웠다.

그때 그가 제자들에게 가르친 것은 무엇일까? 바로 정명正名과 인仁이다. 그는 군자(최선의 리더십)는 어떠해야 하며, 앎은 무엇인가를 설파한다. 공자는 갖은 고초 속에 주유열국하며 왕과 귀족을 가르치고 백성들에게 소망을 주었다. 때로는 존경과 관심을 한 몸에 받고 부분적으로나마 자신의 정치적 이상을 실현한 행복한 날도 있었다. 그러나 대부분은 음모와 배신과 살해의 위협으로 도망 다니기 일쑤였고, 그때마다 덕치를 표방하는 통치자를 찾아 발걸음을 옮겨야 했다.

14년의 유랑 후 공자는 노년의 몸으로 고국에 돌아왔다. 남은 날을 헤아리며 후회와 비탄에 젖어 보낼 수도 있었을 그때, 공자가 무엇을 했는지 보라.

이제는 늙어 온몸의 힘이 다 빠지고, 평생 그의 곁을 지키던 아내와 아들, 제자마저 앞서 보낸 공자는 마지막 유언을 전하듯 있는 힘을 다해 남은 제자들에게 '인'과 '정명'을 가르쳤다. 그의 제자들은 패자가 아닌 군자가 시대의 혼란으로부터 세상을 구하리라는 스승의 원대한 꿈을 함께 꾼다.

공자는 힘주어 말한다. 세상은 폭력과 광기와 힘으로 움직이는 것

이 아니라고. 잠시 잠깐 불의가 득세한 듯하지만 정작 세상을 이끄는 것은 타인의 고통에 귀 기울일 줄 아는 가슴이 따뜻한 사람, 시류와 상관없이 자기 이름에 부끄럽지 않게 살아가는 사람이라고.

"평소(생활)에는 공경스럽게,
일할 때(업무)는 경건하며,
사람을 대할 때(남과 어울릴 때)는 진심忠으로 대해야 한다."

더 좋은 세상은 아직
오지 않았다

공자가 당대에 던진 주된 메시지는 정명正名으로, 이름값을 하는 사람이 되어야 한다는 것이다. 그렇다면 누가 이름값을 하고 있는가?

공자는 지금 내가 발 디딘 곳이 어디든지 그곳을 '더 살기 좋은 세상'으로 만들 수 있다는 소망을 붙들라고 말한다. 나라와 기업, 학교와 가정, 큰 자리와 작은 자리가 다르지 않다. 나를 둘러싼 시대와 환경과 상황이 문제의 핵심은 아니다. 불평과 원망의 돌을 아무리 던져도 세상은 바뀌지 않는다.

매순간 '인'과 '도'를 바탕으로 마땅히 해야 할 일을 함으로써 정명을 실천하는 사람이야말로 자기 이름에 합당하게 사는 자요, 시대를 변화시키는 자다.

공자는 "그 사람의 결점을 알아야 그가 유덕한지를 제대로 평가할

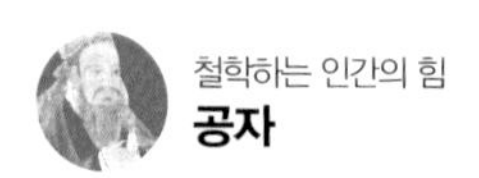

수 있다"라고 했다. 위기의 순간에 어떻게 행동하고 판단하는지를 보아야 사람을 바르게 평할 수 있다는 것이다. 최악의 갈등이 발생한 순간, 어떻게 상황을 관리하고 무엇을 택하는지 보면, 그가 정말 좋은 사람인지 아닌지 판가름이 난다.

은둔주의자들은 공자를 '안 되는 줄 알면서 행동하는 사람'이라고 비판했다. 그들은 체념론을 들먹이며 그를 조롱했다. 그러자 공자는 "도道가 서 있다면 내가 굳이 개혁하려고 하겠는가?"라고 반문했다. 무도無道하기 때문에 도를 세우려는 노력이 의미 있다는 것이다.

불법과 부정이 판치는 시대를 올곧게 살아가야 했던 공자처럼 우리도 각자가 심긴 자리에 올곧게 서서 부정이 정의로 둔갑하지 않는 정명의 세상을 만들어가려고 노력해야 한다.

세계적 석학을 많이 배출한 것으로 정평이 나 있는 이스라엘 민족은 어릴 때부터 『토라』와 『탈무드』로 훈육을 받는다. 그중 율법서인 『토라』를 삶에 적용한 『탈무드』는 인생에 대한 교훈이 가득한 고전으로, 유대 교육의 근간을 이룬다.

흥미롭게도 『탈무드』는 첫 장과 마지막 장이 없다. 두 번째 장이 그 시작이다. 여기에는 심오한 뜻이 담겼다. 첫 페이지에는 탈무드를 읽는 사람이 자신의 경험과 이야기를 적고, 마지막 페이지에는 스스로 터득한 교훈을 담은 새로운 탈무드를 써내려가라는 의미다.

공자의 주옥같은 가르침을 집대성한 『논어』도
열린 질문과 답으로 구성된 미완성 작품이다.
그래서 『논어』를 여러 번 읽으면 답이 아닌 질문이 남는다.
공자는 답을 주려 한 것이 아니었던 것이다.

그는 정치인과 백성들에게 이렇게 하면 반드시 성공한다는 식의 일방적 코칭을 하지 않았다. 자신의 말을 궁극적 권위로서 내세우기보다 일신우일신日新又日新의 자세로 늘 배움을 친구로 삼았고, 다른 이들도 그런 삶을 살도록 도왔다. 논어를 통해 공자는 각자의 삶과 시대가 던지는 질문 앞에서 함께 해답을 찾자고 요청한다.

그런데 어떻게 하면 인仁의 마음으로 살 수 있을까?

어떤 인생에 대해서도 함부로 결론 내리지 말고, 생의 경주에서 뒤처진 사람이 끝까지 달릴 수 있도록 모두가 손을 내밀어 붙잡아주자. 그리고 그가 다시 일어설 때 다 같이 기뻐하고 즐거워하는 더 좋은 세상을 만들자. 공자는 오늘도 이렇게 우리를 초대하고 있다.

공자의 제자들은 이런 스승의 삶과 가르침을 후대의 정치인과 백성들에게 전하고자 『논어』를 편집했으며 20편에서 마무리되지만, 『논어』 또한 독자에게 21편은 스스로 써보라고 이야기하고 있는 것이다.

공자의 주유열국은 『논어』를 통해 그와 만나는 세계의 수많은 이들 사이에서 지금도 계속되고 있다. 그가 우리에게 놓치지 않고 전하고 싶어하는 말, "더 좋은 세상은 아직 오지 않았다!"를 기억하자.

● 참고문헌

소크라테스: 어떤 의미에서 우리는 모두 그리스인이다

공병호(2013). 『고전강독 1. 소크라테스와 플라톤에게 최고의 인생을 묻다』. 해냄.

김남준(2010). 「아크라시아 가능성 논쟁: 소크라테스와 아리스토텔레스를 중심으로」. 『철학논총』 제62집. 2010년 제4권. 새한철학논문집.

김상근(2016). 『군주의 거울, 키루스의 교육』. 21세기북스.

김상근 외(2015). 『어떻게 살 것인가』. 21세기북스.

김승현(2010). 「'인식론적 위기'와 '소크라테스적 대화'」. 『철학논총』 제62집. 2010년 제4권. 새한철학논문집.

김인곤 외(2013). 『소크라테스 이전 철학자들의 단편 선집』. 아카넷.

김헌(2016). 『인문학의 뿌리를 읽다』. 이와우.

디오게네스 라에르티오스, 전양범 역(2011). 『그리스 철학자 열전』. 동서문화사.

박성우(2010). 「『변론』과 『크리톤』에 나타난 소크라테스적 시민성의 재해석」. 『아세아연구』 제55권 2호. 2010년 6월호.

박효종(2004). 「소크라테스적 시민성에 대한 일 고찰」. 『도덕윤리과교육』 제18호. 2004년 8월호, 도덕윤리과교육학회.

베터니휴즈, 강경이 역(2014). 『아테네의 변명』. 옥당.

서정욱(2012). 『소크라테스가 들려주는 지혜 이야기』. 자음과모음.

유원기·이창우(2016). 『아리스토텔레스』. 21세기북스.
육혜원(2012). 『왜 소크라테스는 독배를 마셨을까?』. 자음과모음.
육혜원(2012). 『왜 아테네는 필로폰네소스 전쟁에서 졌을까?』. 자음과모음.
이강서(2001). 「'exoterika'와 'esoterika': 희랍철학의 두 통로」. 『범한철학』 제24집. 2001년 가을호. 범한철학회 논문집.
이한규(2014). 『단숨에 정리되는 그리스철학 이야기』. 좋은날들.
존 R. 헤일, 이순호 역(2011). 『완전한 승리, 바다의 지배자』. 다른세상.
주광순(2002). 「소크라테스의 행동에 대한 이해」. 『철학』 제70집. 2002년 봄. 한국철학회.
줄스 에반스, 서영조 역(2015). 『철학을 권하다』. 길벗.
토머스 R. 마틴, 이종인 역(2011). 『고대 그리스의 역사』. 가람기획.
플라톤, 강성훈 역(2011). 『프로타고라스』. 이제이북스.
플라톤, 강철웅 역(2014). 『뤼시스』. 이제이북스.
플라톤, 강철웅 역(2016). 『소크라테스의 변명』. 이제이북스.
플라톤, 김인곤 역(2014). 『고르기아스』. 이제이북스.
플라톤, 김주일 역(2012). 『파이드로스』. 이제이북스.
플라톤, 김주일·정준영 역(2014). 『알키비아데스』. 이제이북스.
플라톤, 박종현 역(2013). 『국가·정체』. 서광사.
플라톤, 이기백 역(2015). 『필레보스』. 이제이북스.
플라톤, 이정호 역(2008). 『메넥세노스』. 이제이북스.
플라톤, 이정호 역(2013). 『크리티아스』. 이제이북스.
플라톤, 이창우 역(2012). 『소피스트』. 이제이북스.

플라톤, 천병희 역(2014). 『고르기아스 프로타고라스』. 숲.
플라톤, 천병희 역(2014). 『소피스트들과 나눈 대화: 고르기아스/프로타고라스』. 숲.
플라톤, 천병희 역(2014). 『이온/크라튈로스』. 숲.
플라톤, 천병희 역(2014). 『정치가 소피스트』. 숲.
플라톤, 황문수 역(2013). 『소크라테스의 변명』. 문예출판사.
플라톤, 김인곤·이기백 역(2011). 『크라튈로스』. 이제이북스.

아리스토텔레스: 상실의 광야를 지나 빼앗길 수 없는 행복을 찾아라

고영준(2015). 「아리스토텔레스의 『형이상학』에 나타난 실체적 지식의 교육학적 함의」. 『교육철학연구』 제37권 제2호. 한국교육철학학회.
공병호(2012). 『고전강독 4 아리스토텔레스에게 희망의 정치를 묻다』. 해냄.
공병호(2014). 『고전강독 3 아리스토텔레스에게 진정한 행복을 묻다』. 해냄.
김남두 외(2004). 「아리스토텔레스 『니코마코스 윤리학』」. 『철학사상』 별책 제33권 제9호. 서울대학교 철학사상연구소.
김상근 외(2014). 『인문학 최고의 공부 나는 누구인가』. 21세기북스.
김상근(2013). 『천재들의 도시 피렌체』. 21세기북스.
김상근(2016). 『군주의 거울, 키루스의 교육』. 21세기북스.
김태호(2013). 『아리스토텔레스 & 이븐 루시드 자연철학의 그림 맞추기』. 김영사.
김헌(2016). 『인문학의 뿌리를 읽다』. 이와우.
도미닉 레스본, 유재원·김운용 역(2010). 『그리스·로마 문명』. 케이론.
디오게네스 라에르티오스, 전양범 역(2011). 『그리스철학자 열전』. 동서문화사.

마이클 켈로그, 이진경 역(2013). 『철학의 세 가지 질문』. 지식의 숲.
맥세계사편찬위원회(2014). 『맥을 잡아주는 세계사 01. 그리스사』. 느낌이있는책.
모티머 J. 애들러(2016). 『모두를 위한 아리스토텔레스』. 마인드큐브.
박병준(2015). 「행복과 치유: 아리스토텔레스 『니코마코스 윤리학』의 행복 개념을 중심으로」. 『철학논집』 제42집 8월호. 서강철학연구소.
서정욱(2012). 『아리스토텔레스가 들려주는 행복 이야기』. 자음과모음.
손병석(2014). 「감정은 능동적일 수 있는가? 아리스토텔레스의 파테(pathe) 개념에 대한 인식론적 분석을 통해」. 『범한철학』 제73집 여름호. 범한철학회 논문집.
신승환(2013). 『지금, 여기의 인문학』. 후마니타스.
신승환(2014). 『철학, 인간을 답하다』. 21세기북스.
신정근(2015). 『중용, 극단의 시대를 넘어 균형의 시대로』. 사계절출판사.
아리스토텔레스, 전영우 역(2009). 『레토릭』. 민지사.
아리스토텔레스, 조대호 역(2012). 『형이상학』 1, 2권. 나남.
아리스토텔레스, 천병희 역(2010). 『정치학』. 숲.
아리스토텔레스, 천병희 역(2013). 『시학』. 문예출판사.
아리스토텔레스, 최명관 역(2008). 『니코마코스 윤리학』. 창.
안광복(2015). 『철학, 역사를 만나다』. 웅진지식하우스.
안상현(2014). 『고전공부법』. 북포스.
얼 쇼리스, 박우정 역(2014). 『인문학은 자유다』. 현암사.
유원기·이창우(2016). 『아리스토텔레스』. 21세기북스.

EBS 동과 서 제작팀·김명진(2010). 『EBS 다큐멘터리 동과 서』. 예담.
이한규(2014). 『단숨에 정리되는 그리스철학 이야기』. 좋은날들.
줄스 에반스, 서영조 역(2015). 『철학을 권하다』. 길벗.
차오름(2011). 『사고력 세계사』. 주니어 김영사.
천명주(2014). 「한나 아렌트의 공적 행복과 도덕교육적 함의」. 『윤리교육연구』 제34호. 2014년 8월호. 한국윤리교육학회.
최재호(2011). 『왜 알렉산드로스는 동방 원정을 떠났을까?』. 자음과모음.
토머스 R. 마틴, 이종인 역(2011). 『고대 그리스의 역사』. 가람기획.

장 자크 루소: 흙수저와 금수저로 나뉘는 인간불평등 문제에 답하다

강영계(2012). 『루소가 들려주는 지식 이야기』. 자음과모음.
고봉만(2013). 「인간의 본성과 교육: 루소의 『에밀』 읽기」. 『프랑스사연구』 제28호. 2013년 2월호. 한국프랑스사학회.
구리나(2015). 「루소의 '소극적 교육' 재해석: 『메논』과 『에밀』」. 『도덕교육연구』 제27권 2호. 2015년 8월호. 한국도덕교육학회.
김상현·박고·박지원·김회용(2015). 「롤즈(Rawls)의 루소(Rousseau) 이해: 자기애, 이기심, 일반의지를 중심으로」. 『(순천향) 인문과학논총』. 제34집 2호. 2015년 6월호. 순천향대학교 산학협력단.
김의기(2014). 『나는 루소를 읽는다』. 다른세상.
박아르마(2013). 「장 자크 루소의 『고백』에 나타난 고백의 전략」. 『불어불문학연구』 제96집. 2013년 겨울호. 한국불어불문학회.
박윤덕(2014). 「루소와 프랑스 혁명: 『사회계약론』의 역사적 역할과 한계」. 『프

랑스학 연구』. 통권 제67호. 2014년 봄호. 프랑스학회.

박주병(2015). 「자기지식의 형성과정으로 해석한 루소 『에밀』의 체계」. 『교육사상연구』 제29권 제1호. 2015년 4월호. 한국교육사상연구회.

버트런드 러셀, 서상복 역(2015). 『서양철학사』. 을유문화사.

오근창(2013). 「일반의지의 두 조건은 상충하는가?: 루소와 '자유롭도록 강제됨'의 역설」. 『철학사상』 제47호. 2013년 2월호. 서울대학교철학사상연구소.

오수웅(2015). 「루소의 시민교육: 개념, 역량 그리고 교육」. 『한국정치연구』 제24집 제1호. 2015년 2월호. 한국정치연구소.

윌 듀런트, 정영목 역(2013). 『철학이야기』. 봄날의책.

이기범(2014). 「루소의 도덕교육에서 정념, 이성과 동정의 상호작용」. 『교육철학연구』 제36권 제2호. 통권 제64집. 2014년 6월호. 한국교육철학학회.

이상오(2013). 「해석학적 비교 연구: 루소의 '소극적 교육'과 칸트의 '적극적 교육'」. 『교육의 이론과 실천』 제18권 제1호. 2013년 4월호. 한독교육학회.

이상임(2014). 「타자를 향한 연민에 대하여: 장자와 루소를 중심으로」. 『동양철학연구』 제79집. 2014년 8월호. 동양철학연구회.

이충훈(2013). 「루소와 기호」. 『프랑스학 연구』 통권 제63호. 2013년 봄호. 프랑스학회.

장 자크 루소, 이용철·문경자 역(2007). 『에밀 또는 교육론』 1, 2권. 한길사.

장 자크 루소, 이재형 역(2013). 『사회계약론』. 문예출판사.

장 자크 루소, 주경복·고봉만 역(2013). 『인간 불평등 기원론』. 책세상.

정승옥(2013). 「루소의 『고백』의 〈뇌샤텔 판본〉 문제. 1, 'preambule'의 번역」. 『인문과학연구』 제39집. 2013년 12월호. 강원대학교 인문과학연구소.

정승옥(2015). 「루소를 중심으로 본 〈공감 문제〉」. 『한국프랑스학논집』 제91집. 2015년 8월호. 한국프랑스학회.

정진우(2013). 「시민사회의 입법과 통치: 루소의 일반의지와 자율: 민주주의의 위기 그리고 루소의 일반의지」. 『동서철학연구』 제67호. 한국동서철학연구회 논문집. 2013년 3월호. 한국동서철학회.

정태욱(2014). 「루소, 인간, 혁명의 시작」. 『법철학연구』 제17권 제3호. 2014년 12월호. 세창출판사.

최재식 외(2012). 『철학의 전환점』. 프로네시스.

톰 버틀러 보던, 이시은 역(2014). 『짧고 깊은 철학 50』. 흐름출판.

하세가와 히로시, 조영렬 역(2014). 『지금 당장 읽고 싶은 철학의 명저』. 교육서가.

노자: 『도덕경』으로 따라가보는 노자의 삶, 그리고 잘 사는 법

김영수 역해(2013). 『제자백가』. 동서문화사.

김영주(2011). 「공자와 노자의 천·귀신·도 개념과 그 사회사상적 의미」. 『동양사회사상』 제24집.

노자, 문성재 역(2014). 『처음부터 새로 읽는 노자 도덕경』. 책미래.

박소정(2011). 『노자가 들려주는 도 이야기』. 자음과모음.

사마천, 이성규 역(2007). 『사기』. 서울대학교출판부.
상화, 고예지 역(2014). 『노자처럼 생각하고 한비처럼 행동하라』. 매일경제신문사.
신영복(2013). 『강의: 나의 동양고전 독법』. 돌베개.
유성애(2003). 「노자의 『도덕경』이 교육자에게 주는 의미」. 『연세교육연구』 제16권 1호.
EBS 동과 서 제작팀·김명진(2012). 『EBS 다큐멘터리 동과 서』. 예담.
이종성(2001). 「『노자』 제25장의 존재론적 검토」. 『철학논총』 제26권 1호. 새한철학회.
임헌규(2005). 「노자 도개념의 재해석」. 『철학연구』 제93집. 대한철학회 논문집.
임헌규(2005). 「노자의 위도론」. 『철학연구』 제94집. 대한철학회 논문집.
최영갑(2014). 『한 권으로 읽는 동양철학 이야기』. 지식갤러리.
최오목(2008). 「노자 『도덕경』에서 생명치유를 위한 윤리 사상」. 『도교문화연구』. 한국도교문화학회.
최오목(2011). 「노자 무위사상의 기저: 노자의 성인과 생명을 중심으로」. 『도교문화연구』. 한국도교문화학회.
최진석(2015). 『노자의 목소리로 듣는 도덕경』. 소나무.
최진석(2015). 『생각하는 힘, 노자 인문학』. 위즈덤하우스.
팡둥메이, 정인재 역(2004). 『중국인이 보는 삶의 세계』. 이제이북스.

공자, 김형찬 역(2012). 『논어』. 홍익출판사.

김영수 역해(2013). 『제자백가』. 동서문화사.

김형식(2013). 『공자와 제자들의 유쾌한 교실』. 메멘토.

리링, 황종원 역(2011). 『논어 세 번 찢다』. 글항아리.

맹자, 박경환 역(2012). 『맹자』. 홍익출판사.

문성재(2014). 『처음부터 새로 읽는 노자 도덕경』. 책미래.

바오펑산(2013). 『공자전』. 나무의철학.

박만성(2015). 「배움의 본질에 대한 고찰: 『논어』를 중심으로」. 『교육철학』 제56집, 한국교육철학회.

박삼수(2013). 『논어 읽기』. 세창미디어.

박성규(2005). 「공자 『논어』」. 『철학사상』 별책 제15권 제1호. 서울대학교철학사상연구소.

박성규(2015). 「『논어』에서 공자의 완곡어법」. 『儒教思想文化研究』 제59집. 韓國儒教學會: 成均館大學校 儒教文化研究所.

배병삼(2014). 『논어, 사람의 길을 열다』. 사계절.

부남철(2015). 「도덕적 엘리트 3. 『논어』와 도덕적 엘리트」. 『본질과 현상: 평화를 만드는 책』 통권40호, 본질과현상사.

사마천(2003). 『공자세가·중니제자열전』. 예문서원.

신영복(2013). 『강의: 나의 동양고전 독법』. 돌베개.

신정근(2015). 『공자의 숲, 논어의 그늘』. 유교문화연구소 성균관대학교 동아시아학술원,

안광복(2005). 『철학, 역사를 만나다』. 웅진지식하우스.
안드레아스 드로스데크, 인성기 역(2004). 『철학자, 경영을 말하다』. 을유문화사.
우간린, 임대근 역(2014). 『어떻게 원하는 삶을 살 것인가』. 위즈덤하우스.
유교문화연구소(2013). 『논어』. 성균관대학교출판부.
이기동(2013). 『논어강설』. 성균관대학교출판부.
이덕일(2012). 『내 인생의 논어, 그 사람 공자』. 옥당.
EBS 동과 서 제작팀·김명진(2008). 『EBS 다큐멘터리 동과서』. 예담.
이한우(2012). 『논어를 논어로 풀다』. 해냄.
차오름(2011). 『사고력 세계사』. 주니어김영사.
최영갑(2014). 『한 권으로 읽는 동양철학 이야기』. 지식갤러리.
탕홍·오은숙(2015). 『論語』에 나타난 '學'과 '習'의 의미에 관한 고찰」. 『中國語文學論集』 제92호. 中國語文學硏究會.
팡둥메이, 정인재 역(2004). 『중국인이 보는 삶의 세계』. 이제이북스.
한국국학진흥원 국학연구실(2013). 『CEO, 공자에게 길을 묻다』. 매일경제신문사.
황태연·김종록(2015). 『공자, 잠든 유럽을 깨우다』. 김영사.
H. G. 크릴(2007). 『공자, 인간과 신화』. 지식산업사.

광명시 인재육성재단 청소년시설 운영단장 **윤철**

'철학하기'란 근본적인 삶의 문제에 답을 던지고 말하는 것을 통해 자신의 인생과 삶에 관해 생각하면서 '어떻게 살아갈 것인가?'를 질문하게 되는 내면적 과정이다. 저자는 다섯 명의 철학자를 통해 다섯 가지 근본적인 삶의 문제를 들여다보면서 질문하고 답하려 한다.

「소크라테스」편에서는 '어떤 의미에서 우리는 모두는 그리스인'이라고 강조한다. 고대 아테네와 지금의 대한민국이 묘하게 닮아 있으며 위기의 시대라는 인식이다. "아레테, 캐묻지 않는 삶은 살 가치가 없다"라는 소크라테스의 말과 헬그리스, 헬조선이라는 표현을 통해 불의와 불합리가 판을 치는 그리스와 대한민국의 현실을 병치시키고 있다.

「아리스토텔레스」편에서는 상실의 광야를 지나 빼앗길 수 없는 행복을 찾으라고 권고한다. 모든 것을 빼앗긴 자, 아리스토텔레스의 생애를 통해 진정한 행복이 무엇인지를 묻고, 행복의 비결은 최고의 선, 덕과 공평과 정의를 삶의 현장에서 실천하는 데 있다고 역설한다.

또한 고대 그리스 철학자들을 뛰어넘어 18세기의 근대 자유민권 사상가 장 자크 루소를 통해서는 인간불평등 문제를 탐색한다. 저자들은 "평등 없는 자유 없고, 자유 없는 평등 없다"라는 명제를 살피면서 불평등으로 점철된 대한민국을 진단하고 법치주의의 중요성을 루소의 사회계약론을 바탕으로 규명한다.

그다음으로, 춘추전국시대의 「노자」편을 통해 흐르는 물과 같이 살고자 했던 노자의 사상과 삶의 처세법을 소개한다. 저자들은 묻는다. "노자가 살았던 춘추전국시대 청중들은 그의 이야기를 들으면서 어떤 위로와 희망을 얻었을까?"

다섯 번째 철학자 「공자」편에서 저자들은 "더 좋은 세상은 아직 오지 않았다"라고 힘주어 말한다. 공자의 생애와 사상을 살펴보고 『논어』를 통해 사회혼란을 극복하는 방안을 제시하고 있으며, 더 좋은 세상을 만들기 위해 기원전 483년의 공자가 지금 우리가 살고 있는 세상에 우리를 초대하고 있음을 밝히고 있다.

이 책을 읽으면 철학은 특정한 지식이나 이론이 아니라 삶을 대하는 '태도'라는 생각이 든다. 끊임없이 스스로에게 질문을 던지고 답을 구하려는 저자들의 태도가 우리 자신을 돌아보게 하며, 우리 스스로에게 어떤 질문을 던질 것인지, 그 질문에 답하기 위해 어떤 사유의 틀을 갖춰야 할지 깊이 생각하게 만든다.

저자들이 다섯 철학자의 지혜를 빌려 말하고자 하는 것은 무엇일까? 그래도 희망을 놓지 말자는 말을 하고 싶었던 것이 아닐까?

양천사랑복지재단 사무총장 **문영희**

내가 청소년 시기에 이런 철학자들을 만났다면 어땠을까? 엄마와 다투고 심통이 날 때, 살짝 탈선하고픈 호기심이 꿈틀댈 때, 질풍노도의 시기에 놓인 소녀는 아마도 철학을 질풍놀이로 삼았을지도 모르는데…….

철학자들의 삶과 고뇌에서 흘러나온 진액인 철학을 현대인의 관점에서 설명하려 드는 건 자칫 그들이 속한 시대상을 왜곡하거나 철학적 논리를 우리 시대의 현상에 꿰맞추려고 애써 끌어다 붙이는 무지로 끝날 위험이 있다. 그래서 철학을 몇 백 년이 흐른 뒤의 후세대가 읽고 설명하는 것은 쉽지 않은 일이다.

내가 저자들과 인연을 맺은 건 철학 강의를 통해서였다. 수많은 책을 탐독하며 철학자들의 논리를 총체적으로 정리하고, 그들의 관점에서 이론을 재정립해나가는 저자들의 열정과 헌신이 강의 중에 느껴졌다.

저자들의 정통 철학 강의는 나뿐 아니라 여러 사람에게 색다른 울

림을 주었다. 어쩌면 건조하고 어려울 수 있는 철학 강의를 평범한 시민들에게 쑥쑥 들이밀었다. 힘 있게, 그리고 신선하게 풀어놓은 그 강의들은 우리의 삶에 '가치 있는 충격'을 던지기도 하고, 대학졸업 후 이렇다 할 배움의 기회가 없었던 수강생들에게는 '삶의 풍요'라는 신세계를 맛보게 하기에 충분했다.

나는 이 책이 청소년들로 하여금 철학자들과 교감하며 그들의 잠든 '사고'를 일깨우고, 마음속에 '정의'의 싹을 틔우리라 확신한다. 어쩌면 청소년들은 글로 표현하지 않았을 뿐, 이 시대의 어른들보다 더 깊이, 더 정의롭게, 내적으로는 더 철학적으로 소용돌이치고 있을지 모른다. 나는 광화문 광장의 촛불을 보며 우리 청소년들의 행동하는 외침과 내면의 힘을 느꼈다. 이것이 세상을 살아가는 철학이다.

좋은 책을 접하면 비온 뒤처럼 상큼하게 몸과 마음이 정화淨化되면서 기분이 좋아진다. 이 책을 읽고 나서 바로 그런 느낌이었다. 청소년들이 책의 갈피마다 녹아 있는 철학자들의 깊은 생각과 만날 때 질풍노도의 성장통도 바람직하게 이겨나가리라고 믿는다.

철학하는 인간의 힘

위대한 철학자 5인에게 길을 묻다

지은이 이요철·황현숙

2017년 9월 11일 초판 1쇄 발행
2021년 10월 22일 초판 4쇄 발행

책임편집 남미은
기획편집 선완규 김창한 윤혜인
디자인 손봄디자인 김숙희

펴낸곳 천년의상상
등록 2012년 2월 14일 제2020-000078호
전화 031-8004-0272
이메일 imagine1000@naver.com
블로그 blog.naver.com/imagine1000

ISBN 979-11-85811-38-3 03100
잘못된 책은 구입처에서 바꾸어 드립니다.

이 도서의 국립중앙도서관 출판예정도서목록(CIP)은 서지정보유통시스템 홈페이지(http://seoji.nl.go.kr)와
국가자료공동목록시스템(http://www.nl.go.kr/kolisnet)에서 이용하실 수 있습니다.(CIP제어번호: CIP2017021836)